岐阜。

かつてこの土地には、
このような所作があった。

竹製の「うちわ置き」の向こうに、
この風土につくられた、
長良川の民の暮らしを見る。

長良川の、
水につけて扇ぐ、
水のように透きとおったうちわ。

導かれるように、
私達は旅に出る。
岐阜《ここ》に、生まれた意味を探す旅。

水うちわを
めぐる旅へ。

はじめに

初夏に照り差す太陽の光を受けてキラキラと穏やかに揺れる岐阜・長良川の川面と、その水にさっと浸《ひた》され、はじかれた水滴で輝きを増す水うちわ。

浴衣の女性が水うちわを手に屋形船に乗り込むと、船は風を切って川を上りはじめる。川の瀬を上りきり、流れが穏やかになったところで女性は船から手を伸ばし、うちわをそっと水に浸した。引き揚げた水うちわでゆっくりと扇ぎ、その涼風を五感で受け止める。

暑い夏の納涼にぴったりなこんなワンシーンが目に飛び込んできた。二〇〇五年七月一二日の午後一一時一五分、毎週放送されているNHK総合テレビの『発見！　ふるさとの宝』(1)で、水うちわは岐阜の〝宝〟として紹介されたのだ。この日をきっかけに水うちわの名は全国に知れわたり、日本各地から問い合わせが殺到した。

二〇〇四年八月に、一三年ぶりの生産復活を遂げた「水うちわ」。「水」と「うちわ」、どち

---

(1)　二〇〇五年三月二九日より毎週火曜日に放送されていたが、二〇〇六年三月一四日に終了している。

らも馴染み深い言葉だけど、それらが一つになった「水うちわ」は想像できそうでなかなかできない。この水うちわとは、水のように透けて見える「面《おもて》」をもつうちわで、目にも涼しく、さらに水につけて扇ぐことにより、気化熱の効果によって吹く風をいっそう冷涼に感じることができるうちわである。

普段、街中で目にするうちわと決定的に違うところは骨が透けて見えるところである。通常、うちわの骨は広告文句やキャラクターなどのイラストが印刷された面の紙に挟まれて外側には表出しない。しかし、水うちわの場合は、扇部分の地紙があまりにも透けているために竹骨が浮かび上がっており、初めて水うちわを手にする人はそれを紙だと気がつかないこともある。なかには、ビニールやセロファンではないかと指で触れて確かめる人もいるほどだ。つまり、使い方も、原材料も、これまでのうちわにはない特殊性を秘めているのである。

著者は、二〇〇四年春に初めて出会った水うちわの美しさとその背景にあるストーリーに惚れ込み、復活に尽力をするうちわ職人と若手のデザイナーにくっついて、微力ながらもイベント開催やニュースリリースを打つなどの広報活動を行ってきた。それから現在に至るまで約三年の間に、水うちわからもらったものは数知れないほどある。

今の私にはなくてはならない多くの人々――イベントに参加してくださった方、金華の町づくりに携わる地元の方々、若者の町づくり集団「ＯＲＧＡＮ」の仲間、長良川流域で熱い想いをもって活動を進める人々、イベントでお世話になりご指導いただいた方――との出会い。生まれ故郷ではあるけれど、これまで知らなかった、いや身近であるからこそ知ろうとしていなかった岐阜のすばらしさの発見、そしてそれによって再発見される自らのまこと、自己同一性《アイデンティティ》(2)、岐阜という地方都市の将来への希望の光……本当にたくさんのことを体験して、感じ学んだ。それらは、私の体のなかにリアリティ(自分にとっての現実)としてしっかりと刻まれ、今の私の原動力となっている。

テレビキャスターが環境破壊のニュースを神妙な顔つきで報道するのを見るよりも、岐阜の長良川で一三〇〇年もの間にわたって続いてきた鵜飼(3)に携わる鵜匠《うしょう》が、「鮎が年々減ってきている」と言葉にするのを目の当たりにするほうがずっと現実味がある。

「我が国の食料自給率は年々低下し、主要先進国の中で最低の水準となっております(4)」という、

(2) 山尾三省による(野草社『アニミズムという希望』二〇〇〇年、三五ページ参照)

(3) 鵜を操り、アユなどの魚を捕る漁法。多くはウミウが使われる。夏の夜、かがり火を焚《た》いて行う。古くから各地で行われ、岐阜県長良川のものなどが有名である。長良川の鵜飼に関して言うと、昭和三〇年に鵜飼用具一式が国重要有形民俗文化財に、鵜飼漁法は昭和五六年に岐阜市重要無形民俗文化財に指定されている。また、長良川での鵜飼についての記述は七〇二年がもっとも古く、古来より、漁法としてはもちろんのこと、川面に映る篝火の幻想的な風景から文学的・美術的テーマとして取り上げられてきた。

農水省による日本の食料自給率の低下に警鐘を鳴らす報告をホームページで見かけるよりも、岐阜県の山間部で、かつては農地だった土地が使われなくなり、荒れ果てている現状を実際に目で見て知るほうがよっぽど危機感を抱く。

こうした、身の近くに起きている〝現実〟を突きつけられるにつけ、焦燥感を抱き、不安が大きくなっていくのは事実である。しかし、不安だけではなく、大きな希望の光もリアリティとして私のなかに入ってきている。

「前はだんだん少なくなってきていたのに、最近、浴衣を着る若者が増えたわね」という、イベントに参加をしてくださった五〇代の女性の一言。

「まだよく理解していないけど、あなたたち若者ががんばっているからみんな応援したくなるのよ」

二〇〇六年七月、岐阜市内での水うちわイベントに場所を提供してくださった金華山麓の老舗料亭「後楽荘」の女将からの励ましの声。

不安と希望、両方からの力を歩み進む足にずっしりとした重みとして感じ、〝地に足をつけ〟はじめることができたのは、水うちわの復活に微力ながらも携わり、それを通して本当にたくさんの方からさまざまなことを学ばせてもらっているからである。

「一〇〇年後も続けたいけど、三年後もおぼつかない」

二〇〇五年、水うちわ復活二年目の夏が終わりに差し掛かったある日、復活プロジェクトの三人のメンバー——うちわ職人、デザイナー、著者——が集まって反省会と称した飲み会の場で、職人はそうこぼした。原材料の入手の問題や変化し続ける社会環境のなかで、来年も、再来年も、そして三年後も水うちわをつくり続けることができるかどうか分からないという具体的な不安。その一方で、一〇〇年以上も前から先代がつくり続けてきたものを一〇〇年後も残していきたいという未来への願い。この、一見ちぐはぐな感情こそが、今あるこの社会のさまざまな要素を醸成して積み上げてきた多くの先人らもまた直面し、苦悩し、乗り越え、受け入れてきた現実であり、私たちも早かれ遅かれ、いつかは向き合わなければならない大きな壁なのだろう。

水うちわの復活……それが本当に実現されたのかどうかは、何年か、いやもしかしたら何十年か後にようやく分かることかもしれない。しかし、私たちは、素直に愛する岐阜の伝統工芸品としての水うちわが明日に続いていくことを信じて、今日も岐阜の地を飛び回っている。

---

(4) 農林水産省ホームページ「食料自給率の部屋」(http://www.kanbou.maff.go.jp/www/jikyu/jikyu_top.htm)より抜粋。

もくじ

水うちわをめぐる旅

～長良川でつながる地域デザイン～

一・うちわと出会う

水うちわ復活一年目

「めっちゃきれい！」
「すごい透けとるやん！」

岐阜のフリーペーパー「ＯＲＧＡＮ」の編集部のスタッフは、初めて手にする水うちわを頭上に掲げ、面《おもて》の透明度と色の鮮やかさ、デザインのかわいさにみな感嘆の声を上げた。

プチトマトのようなまん丸で、真っ赤なハナナスの実とその枝をあしらった面《おもて》絵のデザイン。地色はピンク、橙、鶯色の三つのバリエーションで、同じデザインでも、ピンクはポップで明るく、橙は生成りのように素材の温かみがあり、鶯色は初夏を思わせる爽やかさをもつ。それぞれが、それぞれの表情を備えている。

水うちわの復活は、偶然のきっかけや出会いからはじまって紆余曲折を経て進んでいったわけだけど、今考えると、それは必然の出来事であったように思う。

岐阜で唯一のうちわ専門店「住井冨次郎商店」の主人である住井一成と、岐阜を愛する若者の蒲勇介。この二人の出会いを一つのきっかけとして、二〇〇四年の夏に水うちわが約一三年ぶりにつくられはじめ、三年後の二〇〇六年の夏には再び店頭に並びはじめることとなった。

今からおよそ一〇〇年前に創業し、うちわ専門店として漆塗りうちわや渋うちわをつくり続ける住井冨次郎商店（以下、住井商店）。ここでつくられるうちわはすべて手づくりだ。鵜飼のシーズンである五月半ばから一〇月中旬までは、店頭にうちわを広げて販売し、その奥で職人が一本ずつうちわをつくっている。

日本の本州のほぼ中心にあたる岐阜県を縦断して流れる一級河川・長良川。住井商店は、岐阜県南部に位置する県庁所在地岐阜市の中心部に流れるこの川の左岸に佇んでいる。そこは、かつて長良川の川湊があった地域であるため、周辺には古くからの町並みが残っている。現在は、一三〇〇年もの歴史をもつ鵜飼や、屋形船遊覧が行われる岐阜市内の観光スポットともなっている。

夏季の住井冨次郎商店

この地域のなかでも、築一〇〇年以上の町家や蔵が並び、観光客のみならず地元の人の散歩コースとなっている通称「川原町」には、老舗旅館である「十八楼」や和菓子屋の「玉井屋」、かつて和紙問屋が使っていた蔵を改装してはじめたカフェ「川原町屋」など、明治から昭和を思わせる外観を残した建物が軒を並べている。夏季には、それぞれの家の軒の下に吊るされた提灯が風に揺れ、夕刻になると、玄関口に取り付けられた球状の外灯が温かみのある明かりを灯しはじめる。その並びに住井商店はあり、一〇〇年以上前に建てられた店はその佇まいを土地にしっかりと馴染ませ、町の景観を構成する一つの要素となっている。

住井商店は、現在、四代目の主人である住井一成と、彼の母であり先代の妻である美津江の二人でうちわをつくり、店頭において販売を行っている。太くて立派な梁《はり》が天井を支え、使い込んださまざまな種類の刷毛が土間と工房を仕切る梁に下げてあり、その奥には木槌や干し竹などのうちわ製作のための道具が整然と並んでいる。そして、職人は作業台の前に胡坐《あぐら》をかいて座り、黙々と手を動かしている。店内に入った瞬間、あたかも違う時代に紛れ込んだかのような感覚を覚えるのだが、それは違和感ではなく、心地よさにつながる不思議な雰囲気をもっている。

「岐阜に住むきみがこのまちを愛するように」

そう掲げて二〇〇三年八月に創刊された季刊フリーペーパー『ORGAN』。町づくり、雑誌制作、写真など、さまざまな興味をもつ一〇～二〇代の若者が有志で集い、営業活動から取材、撮影、編集までのすべてを行い、刊行していた。

かつては岐阜に住む人々にとっての中心地であり、歓楽街、大規模なアーケード街として栄えた柳ヶ瀬商店街。JR岐阜駅と名鉄岐阜駅から歩いて一〇分弱という好立地に位置するが、今ではシャッターを閉めたままの店が少なくない。そのアーケード街の真ん中に事務所を構え、「町づくりは人づくりから」と岐阜の若者の育成を担い、当時、早稲田大学の学生だった秋元祥治をはじめとする二〇代のメンバーが二〇〇一年に設立した「G-net[1]」。ここG-netでは、若者を岐阜の名産品である枝豆(マメ)[2]と見立てて若者《マメ》を応援する手づくりのお祭り「ビーンズフェスタ」の立ち上げや、やりたいことを見つけ、企業とそのマッチングを促すインターンシップ事業などを行っている。

その理事であった蒲勇介が二〇〇三年を皮

『ORGAN』４号の表紙

切りに編集長を務めつくりはじめたフリーペーパー『ＯＲＧＡＮ』は、一〇代の後半から二〇代をターゲットにして、Ｇｉｎｅｔの活動内容とともに岐阜の魅力的なポイントを紹介している。編集長である蒲の名付けた『ＯＲＧＡＮ』は、「organic（有機的）」と「organize（つなげる）」という二つの言葉がもととなっている。また、小学校の教室に必ずあり、懐かしく、優しく響く楽器のオルガンもイメージしており、有機的に温かくつながることができればという思いが込められている。季刊で発行された『ＯＲＧＡＮ』は、岐阜市の商店街、柳ヶ瀬を中心とした街のカフェや雑貨屋などに並べられた。

「取材をお願いできませんか？」

二〇〇三年の春、『ＯＲＧＡＮ』の創刊号の取材のためにと、蒲はスタッフとともに住井商店を訪れた。岐阜の伝統工芸品であるうちわをつくる住井商店に、新聞や地域情報誌、テレビなどの取材が入るのは珍しいことではない。住井一成にとって、彼らはこうしたメディアの一つで、いつもの取材と何ら変わりはなかった。

生活のなかであまり手づくりのうちわに触れたことがなかったため、見るもの聞くこと一つ一つが珍しく、蒲は一成にうちわをつくる過程や商店の歴史など、あらゆる疑問を投げかけていった。そうしているうちに、話は先代、先々代のころに遡っていったのである。すると一成は、先代たちがつくってきたうちわを戸棚のなかから出し、その一つ一つを見せてくれた。ていねいに、大切に包んで保存してあるうちわを一つ、また一つと箱から出して差し出してくれる。うちわの面《おもて》に金箔《きんぱく》を使って色付けしたもの、細く丸い女竹を利用してつくったとても繊細なつくりのもの、柄《え》が飛び抜けて長いものなど、初めて目にする形状や技巧の凝らされたものばかりであった。

こんなにもたくさんうちわの種類があったなんて……とみな驚くばかり。そして、さらなる衝撃、それが水うちわであった。薄い桃色や空色、鶯色、それぞれの淡い彩色の地紙に、繊細なのだが力強く勢いのある鵜飼絵が施されている。面《おもて》の紙はトンボの羽のように半透明で張りがあり、光にかざすと透明さをさらに増して輝く――私たちが思い浮かべる〝うちわ〟という道具の概念を打ち破る美しさをそれは備えていた。

「いつか、復活させたいと思っとるんやて」

一成からぽろりとこぼれたその一言が、水うちわ復活につながる第一歩であったことは間違

（1）二〇〇三年にNPO法人化を果たし、二〇〇七年二月に柳ヶ瀬からJR岐阜駅前に事務所を移転している。

（2）枝豆は岐阜市の特産品である。全国の市町村別農業粗生産額第一位を誇っている（平成一二年度調べ。岐阜市農林振興部農林園芸振興室による）。

いない。事実、この取材で住井商店を訪れたことを一つのきっかけにして、うちわ職人と『ORGAN』の編集長である蒲の水うちわ復活への試みがスタートしたのである。彼らの訪問が、「いつもの取材」にとどまらなかった所以《ゆえん》はここにある。

岐阜うちわと商店の紹介的な記事を創刊号に掲載して以来、もっと詳しく岐阜うちわや水うちわのことを知りたいと思いはじめた。そして蒲は、再び住井商店に取材に訪れた。水うちわを特集した『ORGAN 4号』である「水うちわ号」のなかで蒲は、水うちわを復活させる意気込みを次のように語っている。

「一年前、ふと訪れたうちわ屋さんで出会った水うちわ。忘れられなくて、再びお店を訪れてお話をうかがってみると、今はもう作られていないといいます」

「他では見た事のないような美しいうちわ。こんなすばらしいものが岐阜にあったなんて！というわけで、我々ORGAN編集部は立ち上がりました」

住井商店四代目、うちわ職人の住井一成。代々続くうちわ専業の商店を継ぎ、二六歳よりうちわ職人として岐阜唯一のうちわ専業商店を商う。川原町の一角で、日々、黙々とうちわづくりに励む。そして、自称「押しかけ水うちわプロデューサー」蒲勇介。当時、二五歳の若手デザイナーである。大学進学をきっかけに出身地である岐阜から一旦福岡に出て、卒業後、岐阜に対して深い愛着を感じてUターンした。「まちづくりは人づくりから」を主眼に置くNPO法人G－netに所属しながら、岐阜の魅力を発掘し、広めていこうとフリーペーパーを創刊した。年齢、バックグラウンド、社会的立場と何の共通点もないこの二人。水うちわ復活への思いを共有して、手探りのなかで「水うちわ復活プロジェクト」がスタートを切ったのである。

この小さな出会いが大きなきっかけとなり、二〇〇四年八月、一三年振りに『ORGAN』の編集部とのコラボレーションという形で復活を遂げた水うちわ。これまでの住井商店のラインナップに加え、懐かしい、だけど新しい水うちわが登場した。

水うちわの復活は、少なくとも私にとっては、一商店の一商品の復活にとどまらない大きな意味をもっていた。住井商店におじゃましては、かつてつくられていた水うちわを何度も見せてもらった。それを手にとり、太陽の光にかざしたり仰いでみたり、繊細で精巧なつくりとなっている竹骨をじっくりと観察したりしていくうちに、私の水うちわ復活への想いはどんどん加速していった。

水うちわのことを知れば知るほど、その存在を支えてきた〝何か〟を覗きたくなる。どうして、こんなに魅かれていったのだろうか。私たちの生活に当たり前のように存在するうちわ。夏になると街角で配られるものや芸能人の写真がプリントされたもの、それに花火大会では浴衣にうちわは鉄則である。

とても身近なものだけど、あまりにも近くにさりげなくあるものだから、それ以上一歩奥へと踏み込むことはこれまでなかった。いや、うちわだけではなくて身の周りにはあまりにもたくさんの商品が溢れていて、その裏にある物語を何も知らずに通りすぎていくことが多い。あらゆる情報が次々と流れ込んでくる現在において、一つ一つの商品に込められた思いを取り出すことなんてそうそうない。むしろ、一つ一つの商品にそれぞれの物語があるかどうか自体が、手仕事が廃れつつある今の日本において疑問でもある。

そんななかで、少なくとも私にとっては水うちわは特別な存在だ。水うちわをいったい誰がつくったのか、どうやってつくられていたのか、どこでどのように使われていて、どうしてつくられなくなってしまったのか。そもそも、うちわってどのような起源をもっているのだろうかなど、好奇心が沸々と湧き出し、知りたい気持ちがどんどん大きくなっていった。これほどまでに心魅かれる水うちわに出会うことができたこと、これも何かの縁だから少しだけうちわの世界を覗いてみよう、そんな小さな出来心が私のなかに芽生えてきたのである。

住井商店に伺うたびに、商店の歴史やうちわの原材料など、文献には見当たらない話を教えてもらった。そして、あるときは岐阜市歴史博物館の学芸員である大塚清史さんに学問的な視点から日本全国のうちわの話や、うちわを含めた岐阜の和紙製品の興亡の話などをうかがった。

またあるときは、古くから岐阜に住み、提灯やうちわの生産にかかわっていた人々の体験談をお聞きした。

うちわの歴史や成り立ちを追究して好奇心を満たしていくと同時に、これまでとっても身近にあったうちわのことさえ知らなかった私自身は、生活のなかで出会うあらゆるものやそこに潜んだ物語を取りこぼしてきてしまったのではないかという危惧さえ抱くようになっていた。

うちわの歴史

日本でのうちわの歴史を紐解こうとすると、話はたちまちさかのぼることになる。最古のうちわに関する記録は古墳時代、しかしそれは、現在のような涼をとることを目的とするうちわではなく、権力をもつ人がその象徴として掲げたり、侍女が権力者にかざして仕えるものであった。正式には「翳《さしば》」と呼ぶ。

用途は異なるとはいえ、扇部分と持ち手である柄《え》を備えた道具であるということから、形状上、翳《さしば》はうちわの起源であると考えられている(3)。扇部分が小さくて、柄がとても長いものや、相撲の行司が持つようなひょうたん型のものなど形はさまざまである。前述したように、当時、うちわは権威を象徴するものであったため、社会的に地位のある男性が手に持ったり、そうした人に対してかざすことが主な用途であったという。つまり、日常生活のなかで気軽に女性や子どもが手にすることはなく、現在のように親しみのあるうちわとはまた異なる性質のものだったようである。

実際に「うちわ」という名前が広まりはじめ、より身近な生活のなかに見られるようになったのは雅な貴族文化が花開く平安時代、つまり一〇世紀中ごろのことである。この時代のうちわは、権威の象徴に加えて、寄り付く虫を追い払うことや蛍を捕まえるためにも使われていた。うちわは虫を「打つ翳《は》」であったことから、それが短縮されて呼ばれるようになって「うちわ」という名前がついたという説が有力らしい[4]。権威の象徴だったうちわが貴族文化のなかに入り込み、女性たちの手にわたる。夏の夕べにうち

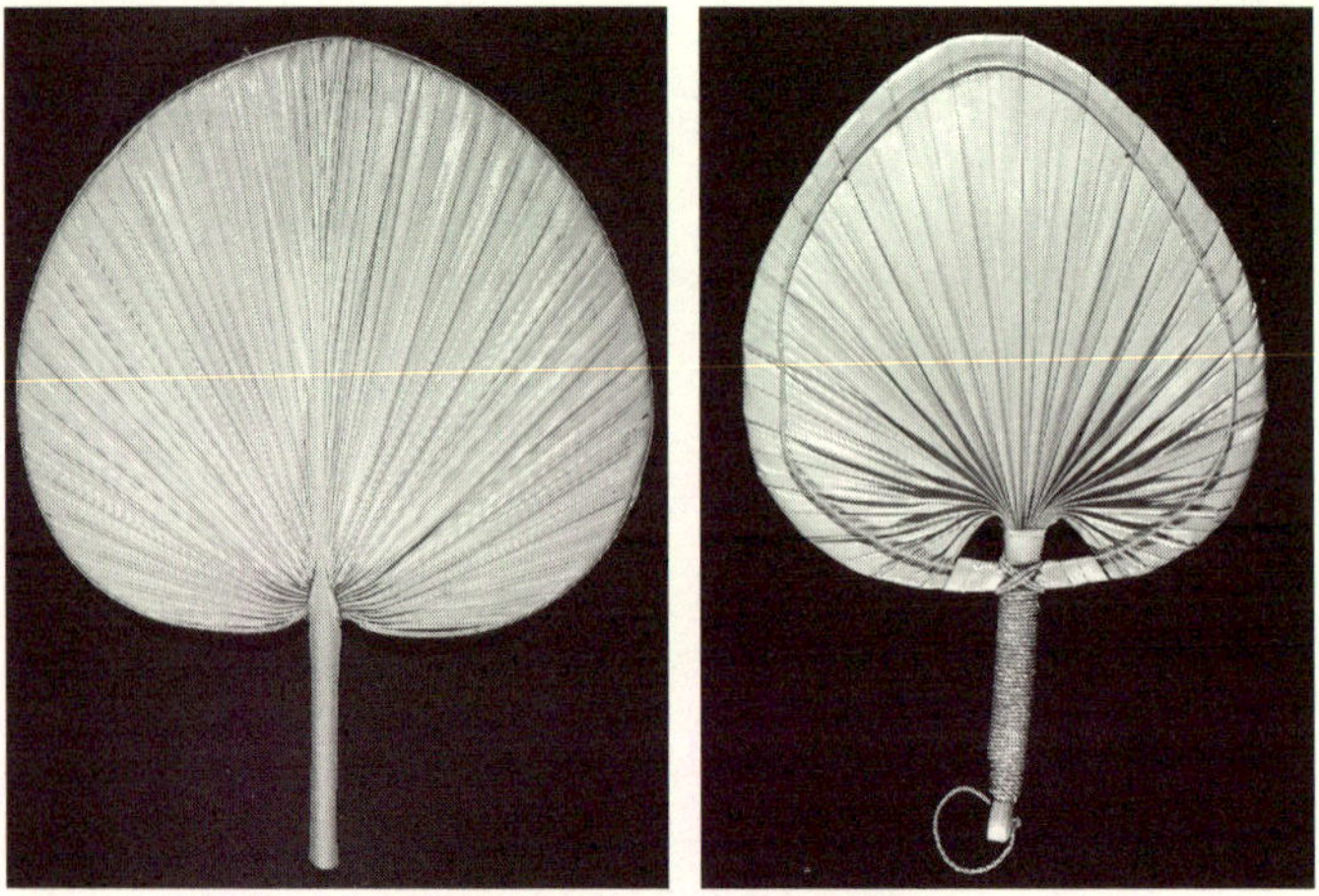

中国製（左）と日本製の蒲葵団扇
（写真提供：岐阜市歴史博物館）

わを携え、蛍を捕まえに出かけていく侍女らの姿が思い浮かばれる。

こうして名が浸透したうちわは、平安時代から鎌倉時代にかけて広く普及していった。当初は、植物を編んだものや丈夫で大きな葉に棒を差した蒲葵団扇（写真参照）など、簡易なつくりのものがほとんどであった。

室町時代になると、うちわは権威の象徴というより、仏教行事などの儀式で僧が持つものとして登場することが多くなる。日常生活を超越する神聖な場にて、うちわは象徴的な意味合いを強めていったのだ。室町時代に描かれた絵画においても、うちわを手にしているのは、当時の権力者でもなく民衆でもなく、僧であることがほとんどだ。少しずつ、使う人と用途が変容していく様子が見てとれる。さらに、この時代の末期には、用途だけではなくうちわの構造に変化が訪れた。

実は、うちわにかぎらず室町時代といえば手工業が発展した時代でもあり、さまざまな道具の構造がより頑丈なものへと変遷を遂げている。植物そのものに大きく手を加えることなく、

（3）本書において、「団扇」という用具をどのように定義するかが問題となるが、ここでは、その形状から「扇部とそれを支持する柄を備えた用具」と規定して紹介することにする（『日本のうちわ　涼と美の世界』岐阜市歴史博物館著編、二〇〇一年、参照）。

（4）岐阜市歴史博物館著編（二〇〇一年）前掲書、一四ページ参照。

生来の形や性質を活かして道具をつくってきた時代から、植物を原材料ととらえ、大幅に加工をすることでより精巧で丈夫な道具をつくりだしていったのだという。

日本に自生するさまざまな植物のなかでも、湾曲などの変形に耐え、応用が利きやすく原材料として活用範囲の広い竹。そして、楮《こうぞ》や三椏《みつまた》などの繊維を木槌で細かく砕いてそれを水に浸し漉き上げる、つまり植物の繊維を強固につなぎ合わせることで形づくる和紙が、産業界で活躍をはじめたのはちょうどこのころからである。

うちわも、手工業が発達したその時代の恩恵を受けた道具の一つだった。竹の目に沿って細かく縦に割き広げた骨の上に和紙を貼った形状のうちわが、初めて登場する。現代に見られるようなうちわの原型の成立である。そして、その用途とつくりの変遷にともなって、うちわに装飾がされるようになった。室町時代に活躍した高名な水墨画家である雪舟（一四二〇～一五〇六?）や雪村（一五〇四?～一五八九?）が描いたうちわ絵が残る。円形の扇面に、彼らは彼らの表現を充《あ》てたのだ。

竹と紙によってつくられることで耐久性が付加され、その上に付けられた絵柄。うちわにとって、室町時代は道具そのものの精巧さについても、また美術的な観点からも大きな飛躍の時代となった。

室町時代における発展を経て江戸時代に入ると、うちわは流行品となって世を賑わすことになる。納涼や蛍狩りをはじめとし、うちわが生活で登場する場面が増えてきた。また、地域ごとに特徴あるうちわがつくられるようになり、名産品として土産物や贈答品にしばしば用いられるようになったのである。

一七世紀後期からうちわの面絵《おもてえ》に木版画が使われるようになり、うちわの絵柄の美しさは度合いを増していった。一八世紀後半、錦絵という木版画の新たな技術が生み出されると描かれる絵柄は多様化し、一枚の絵画としても大変美しく鮮やかな色彩のものが多く現れた。その多くは、美人画もしくは当時人気を博した役者を描いたものであった。どうやら、人気アイドルやタレントの顔写真入りうちわは、江戸時代を起源としているようである。

明治維新によって近代化が進むと、輸出品として多くのうちわがつくられるようになった。また、印刷技術の発展によって、広告媒体の一つとして商店や商品の名入れ・絵入れをしたものが出回るようになった。うちわはもはやうちわ屋だけのものではなくなり、印刷、広告関係の業者も取り扱いをはじめるようになった。

役者と当世うちわ
（写真提供：岐阜市歴史博物館）

さて、うちわの形状やその役割というと、時代の変化にうまく対応して常に変容を遂げていることが分かる。仏教行事では、僧が持って神聖な場をつくり出している。または、女性がアクセサリーとして手にしたり、寄り付く虫を打ち払ったり、さらには火を起こす道具として生活必需品となり、はたまた水墨画や錦絵による芸術表現の媒体の役割を果たした。それぞれの使い道によってうちわの種類や形は異なったものの、あらゆる場面でうちわは登場し、人々の生活のなかに自然かつ身近に存在した。

それを思うと、現在、私たちの生活のなかでうちわが果たす役割は相対的に小さくなっているし、用途も種類も限定されたものになっているように思う。暑さをしのぐ手軽な道具の一つでしかなく、大量生産のためか、日本で生産されるうちわの九〇パーセントはプラスティックでできた骨の上に洋紙を貼り付けたポリうちわとなってしまった。

うちわにかぎらず、一つの道具がかつてのようにさまざまな役割を果たすことなど、現在においてはあまり想像できない。それどころか、今の消費社会においては、一つでも多くの商品を売って利益を得るために、役割を細分化して新しく商品を開発することが興味の対象となっている。こうして生み出された新商品は、激しい価格競争が繰り広げられている市場《マーケット》に投入される。

一度広く流通した商品はその地位を不動のものとし、シェア争いに「負けた」ものの存在は忘れがちとなる。しかし、ただ一つの商品が一〇〇年にもわたって市場競争に勝ち続けるわけではない。常に、流動的であるのだ。だから、新しく何かを生み出すためには、大変なエネルギーと経済的裏付け、そして何よりもつくる者による熱い想いが必要となる。なぜなら、これほどまでに移り変わりの激しい流れのなかで「勝負」をかけるわけだから。

しかし実は、すでにあるものを継続するということも、同じように、いやそれ以上にパワーのいることなのだ。なぜなら、生活のなかで使う道具は、便利で簡単に使えて、そして安価で大量に売られているということが今の社会では当然の前提条件として求められているからである。そうでなかった時代に地《じ》のものを利用してつくられはじめ、伝統工芸品として残ってきたものは、こういった条件をクリアすることはきわめて難しい。

こうしたなかでも、住井商店ではうちわをつくり続けているし、岐阜以外にも現在まで引き継がれている手づくりうちわの産地はある。千葉県の「房州うちわ」、香川県の「丸亀うちわ」、そして京都の「深草うちわ」などであるが、それぞれの地で、それぞれの想いを貫き続けることで、何代にもわたってうちわをつくり続けている職人がいるのだ。

現状で見ると、マイノリティであるうちわをつくる彼らは、消費され、簡単に飽きられるものではなく、使えば使うほど深みを増していくものをそれぞれの想いをもってつくっている。

「香川の丸亀うちわ以外はつくらん」

丸亀のうちわ職人が、こう啖呵《たんか》を切る。

「中国の竹骨では、どうしても納得がいかへんの」

京都の老舗うちわ専門店「小丸屋住井」の女主人は、語調を強くして言った。

日本のうちわの歴史は、職人一人ひとりの気概が大きな基盤となって構成されている。こうした職人の心意気は、話を聞いていると、やはりその土地で連綿と先人たちが続けてきたうちわづくりが根底にあってこそのものであることが分かってきた。先代が守ってきたものを自分も続け、伝え渡したいという想いが強いのだ。

いわゆる伝統工芸品は、こうした積み重なる歴史によってその魅力を増しているのではないだろうか。しかしながら、同じ伝統工芸品としての手づくりうちわでも、産地によってそれぞ

丸亀のうちわ

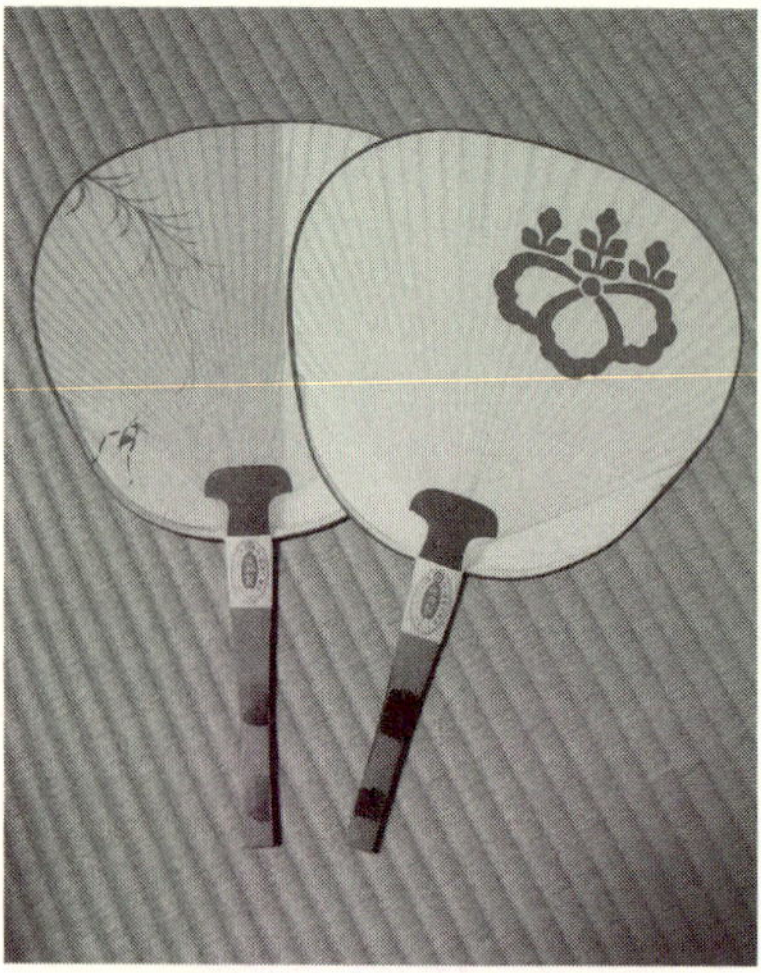

小丸屋住井（京都）のうちわ

れ個性的である。職人が同等の心意気でうちわづくりに励んでいたとしても、最終的に商品として出てくるうちわの形状は地域によって異なるのだ。

それでは、岐阜うちわの特徴とはどのようなものだろうか。とくに、岐阜でしか生まれ得なかった水うちわがつくり出された理由とは……。

それぞれの地域でうちわ職人との出会いを重ね、彼らのこだわりや頑固さ、そしてうちわづくりに対する実直さに触れるにつけ、次第に岐阜でなければならなかった理由が気になるようになっていた。この小さな疑問が、「〝岐阜である必然性〟を探す旅」への発端となったのである。

二、岐阜うちわの歴史

岐阜うちわの生い立ち

岐阜でうちわがつくられていたことは、『御湯殿上日記《おゆどののうえのにっき》』(1)という室町時代の貴族の侍女によって書かれた日記から判明している。そこには、金華山のふもとに位置する美濃国瑞龍寺《ずいりょうじ》(2)から当時の宮廷へ、一四九〇年の四月から六月の間にうちわが献上されていたという記述がある。

瑞龍寺は金華山と連なる山際にあり、迫り聳える山に守られているかのようである。山からの風はとても気持ちよく、深く濃い緑に目も安らぐ。ここは、一四六八年、当時の美濃国の主君であった土岐成頼のために建立された寺であり、現在も雲水たちの修行道場となっている。本堂は基本的に一般公開されていないが、毎年三月上旬に開かれる「ぎふ梅林梅まつり」の二日間には公開され、美しい梅花とともに人々の心をなごませている。

「残念ながら、この寺には当時献上されていたうちわはなく、どのような特徴だったのかを示す記録もない。瑞龍寺は格式の高い禅宗の寺であるため、威厳を正し示すために、その時代において一般的に使われていた簡便なうちわをより高い品質でつくっていたのではないか」と、岐阜市歴史博物館の学芸員で、うちわや提灯などの和紙製品に詳しい大塚清史さんは語る。とはいえ、現在、住井商店が岐阜うちわとして販売しているような竹と紙を原料としたうちわに関する記述は室町時代の後半以降まで待たなければならない。

では、なぜ岐阜でうちわが、そしてその派生形ともいえる水うちわが生まれたのだろうか。この疑問を解くために調べてみると、それは岐阜の地理的特徴、歴史的背景に大きく影響されてのことだということが分かってきた。想像できないほど、いくつもの要因が絡み合って誕生した水うちわ。その一つでも欠いていたら、もしかしたら岐阜にうちわは生まれることはなかったかもしれない。最初に挙げるべき要因の一つとして、岐阜の町を築き上げたある人物の存在が欠かせない。実は、あの有名な人物がうちわの誕生と深くかかわっていたのである。

岐阜町の誕生

岐阜うちわを育んだ岐阜町は、戦国時代から昭和の前半にかけて岐阜の中心地であった。現在の岐阜市の玄関口であるＪＲ岐阜駅から長良川を目指して少し北上すると、岐阜市のシンボ

（１）室町時代、清涼殿の御湯殿に仕えていた侍女が交代で書いていた日記。

（２）「『御湯殿上日記』では文明一〇年（一四七八年）から宮廷への献上の例が出てくるが、ほとんどが寺院からの献上である。特に美濃国瑞龍寺からの献上は目立ち、『としどしのうちわ』として四～六月に送られ」ていた（『日本のうちわ』一五ページ）。

ルである金華山が聳えている。金華山を中心として、そのふもとに築かれた城下町がのちの岐阜町の基礎となった。この城下町を形づくった人物、それは戦国時代に岐阜城に君臨した斎藤道三（一四九四?～一五五六）と、彼の亡きあと岐阜の町を統制した、かの有名な戦国武将織田信長（一五三四～一五八二）であった。

斎藤道三は、岐阜の城下町の繁栄を大きく左右した人物として知られている。事実、道三は、この城下町は長良川の水運を利用することによって物資が集まり、商工業の拠点となりうると考えて岐阜町を資材の中継地と定めたのだ。そして、自由取引を推奨する「楽市楽座」を積極的に導入した。これまでは、商売をする者は高い税を納めなければならなか

金華山頂の岐阜城

◆ 稲葉山城から斎藤道三までのお話 ◆

岐阜市のシンボルともいえる、標高329メートルの金華山の頂上にある岐阜城（当時は「稲葉山城」と呼称される）。その歴史を調べていくと相当時代を遡ることになる。鎌倉幕府の役人であった、二階堂行政（生没不詳）が1201年に稲葉山の上に砦を築いたところから稲葉山城の歴史の幕が開く。

15世紀の中頃、土岐氏の執権下で美濃の守護代を務める斎藤利永（生没不詳）がこの山城を修復して居城としたことをきっかけに、再び稲葉山城は息を吹き返した。1525年、守護代の家臣であり、のちの斎藤道三の父である長井新左衛門尉が謀反を起こして稲葉山城を支配下に収めるのに成功し、城主となって君臨した。そして、その8年後の1533年には、息子である道三が後を引き継いだのである。ちなみに、岐阜城は、国内において地上からの高さがもっとも高い所に位置する山城である（標高がもっとも高い城ではない）。

岐阜町絵図（寛政６年）（写真提供：岐阜市歴史博物館）

◆奇跡の川――長良川◆

日本全国において国が管轄している川は約3万本。そのなかで、日本三大清流といわれているのが、長良川と高知県の四万十川、そして静岡県の柿田川である。そのなかでも、2001年に環境省が「日本水浴場88選」として遊泳許可を出した川はただ長良川だけである。岐阜県は海に接していないため、夏場には多くの遊泳客が長良川を訪れる。

ちなみに、「日本水浴場88選」とは、環境省の「快適水浴場検討会」が水質、自然環境・景観、環境への配慮・取り組みの評価、安全性、利便性などの基準に照らして特に優れた所として選定したものである。

「日本の水浴場88選」(http://mizu.nies.go.jp/suiyoku/)

ったが、その制度を緩和することによって商業活動が促進されて町に活気と繁栄をもたらした。

現在の岐阜県の南部に位置する岐阜市から、隣接する愛知県に向かって南へ広がる雄大な濃尾平野。長良川は、その濃尾平野を流れる三つの川――木曽川、揖斐川、長良川――の一つで、豊かで美しい水を湛《たた》えて岐阜県を縦断し流れていく。今でも川底まで透けて見えるほど美しい水質を保つ川が、都市のなかを流れているという例は数少ない。そのうえ、岐阜県の県庁所在地であり、四〇万人もの人々が生活している岐阜市内にこれほどまでに美しい川があり続けていることこそが奇跡的である。そんな奇跡的な川に、四〇〇年以上も前にいち早く目をつけたのが斎藤道三であったのだ。

その川とともに金華山は、有力武将たちが勢力を伸ばしていた濃尾平野を一望できる格好の場所であった。日本のほぼ中心に位置していた濃尾平野は米や麦などの農産物が豊富にとれる肥沃な土地であったため、多くの武将が目をつけたのも不思議なことではない。

斎藤道三は、長良川を望む土地柄を活かすために、早速、治水事業を推し進めたと言われている。長良川の派川である鳥羽川から井水を引いて造られた八代付近に残る用水は、道三時代にさかのぼるかも知れない。また、上流域、下流域双方から川を利用した物資の運搬も積極的に推進し、水運の整備を図ったといわれている。

道三が町づくりを開始する以前は、天候によって荒れて洪水を起こし、大洪水のあとには川自体の流れまでもが変わってしまう長良川に人々の生活は左右され、町の発展は常に阻まれてきた。逆に言えば、人々は交通手段、食料、仕事、そして文化といった生活全般を支えてくれる一方で、洪水などの災害を引き起こす長良川とともに生きてきたのである。

氾濫して流れが変われればそれに従って町も変わった、家が流され立て直す、その繰り返しであった。長良川の治水、すなわち「水を治める」事業はそれまではあまり行われてこなかったのである。だから、道三が実施した治水事業は、商業を中心とした岐阜町の形成や発展を促す大きなきっかけであり、彼の存在をなくして現在の岐阜を語ることはできないと言っても過言ではない。

こうして、緑豊かな稲葉山と清流長良川を基点として城下に広がる岐阜町は少しずつその形を整えていくことになる。そして、岐阜町は川湊をもつことによって、上流および下流域より物資が集積する町となった。近隣の流域で採れる木材や竹、生活必需品であった炭、そして美濃の和紙など、あらゆる資材の中継地点として賑わいを見せるようになり、川湊の周りはそれらを扱う問屋が軒を連ねるようになった。

日本では往々にしてあることだが、地名を見ればそこがどのような特徴をもった土地で、何を中心として人々が生活をしていたかなどが分かる。岐阜市材木町もその一つで、現在では材木問屋は数軒しか残っていないが、こ

かつては長良川の水運を利用していた櫻井銘木店

の地にかつては数多くの材木問屋が財を築いたのである。また、水揚げした舟を屋内にまで引き入れるために敷いたレールが残っている家もある。道三からはじまった岐阜町の経済活動やそれに基づく人々の生活は、彼の治めたかつての岐阜町、つまり材木町を含めた現在の金華地区一帯にて今なお垣間見ることができるのだ。

信長の登場

「美濃を制する者は天下を制する」と言わしめた美濃国《みののくに》(3)。織田信長は、当時の例に漏れず、稲葉山城での君臨は天下統一のためには不可欠と考えた。南部に広がる濃尾平野を見わたすことができる好立地、そして川湊による物資の集積地であることから経済的な優位性を備えるその町を手中に収めるということは、日本の要所を押さえるということでもあった。

道三ののち何代か城主が代わったあと、一五六七年、織田信長は稲葉山城に君臨した。そして、当時「井ノ口」と呼ばれていた城下の町を「岐阜」と改名(4)し、町のさらなる整備に取り

(3)「美濃」とは、「律令国家が法体系的に完成した大宝律令の施行にあたって、中央集権体制を全国に貫くために、中央政府によって諸国名の改定・定着を指示されたもの」(『古代の美濃』一五ページ)であり、七〇八年ごろに登場した地名である。現在の岐阜県の南部を美濃地方といい、北部は飛騨地方という。

掛かった。信長は、岐阜町の発展のために自らの勢力を浸透させていた尾張から町人を呼び寄せ、道三が施行をはじめた楽市楽座などの自由交易市場を保護するなどの政策を展開していった。全国を見据えていた戦国武将信長によって導入された人材や制度が岐阜町の町人を刺激し、さらにまた視野を広げていったのは想像に難くない。

しかしながら、岐阜町は道三と信長の敷いた体制のみに依存して発展を遂げたわけではない。時の権力者が目をつけるだけあって、もともとこの周辺に豊富な資源が溢れていたのだ。今でも、その名残が生き続けている。

岐阜町鳥瞰図（明治７年、川崎千虎画）
（写真提供：岐阜市歴史博物館）

岐阜町の北を沿うように流れる長良川の上流地域には、現在も和紙の生産地として知られる美濃市がある。和紙の原料となる、楮《こうぞ》や三椏《みつまた》、雁皮《がんぴ》などの植物が豊富に採れたことや、水が豊富で澄んでいるために紙漉きに適していることから古代より紙漉きが営まれてきた。事実、日本最古の国産紙のなかには、七〇一年に施行された日本最古の基本法典である「大宝律令」の

もとで戸籍用紙として使われた美濃紙があり、現在も正倉院に保存されている。(5)

このように、全国的に有名であった美濃和紙の産地があるだけでなく、川を囲むようにそびえる山々からは材木が、そして山裾に茂る竹林からは竹材が伐採されて川上から運び込まれた。一方、川下からは、海でとれた塩や海産物がもち込まれていたのだ。長良川を媒介として、岐阜町に集まるこれらの資材が岐阜町における産業を生み出して支えてきたといっても過言ではない。

つわものどもが夢の跡

岩の山といわれているほど険しい金華山、その急斜面の「馬の背」をたどって必死に登る。

(4)「岐阜」という名は、信長が帰依していた禅僧の沢彦宗恩《たくげんしゅうおん》に依頼して命名してもらったという説がある。「岐阜とは『周の文王は岐山に起り、天下を定む』の故事に由来」している(『考証 織田信長事典』一三九ページ)。つまり、信長も文王のように、岐阜からの天下統一を一心に目指したということがうかがえる。

(5) 古来より美濃国でつくられていた美濃紙の品質は、群を抜いて高かった。「正倉院の紙の研究」(大沢忍氏著、正倉院事務所編集『正倉院の紙』所収)には、美濃紙は「材料は楮、繊維が均等にからまり、漉きむら無く、溜漉としては優秀。美濃が抄紙技術において当時の先進国であった」と記されている。

休憩するのによさそうな岩があり、そこに座って一息つく。据えたお尻がゴツゴツした岩で痛くて、休憩場所としては決して満足できるところではないけれど、そこから足元に流れる長良川を望むと、何とも言えない充実感が体と心を満たしてくれる。山の上から、ずっと遠くまで一面に拓《ひら》けた広大な土地を見わたしつつ、当時の戦国武将に思いを馳せる。

長い時の流れのなかで、信長が岐阜城を制した時間はほんの一瞬でしかない。そのような一瞬が蓄積され続けることで過去が連なり、いつしか歴史となっていく。そして、そのうえにまた現在流れている時間が止めどなく積もっていく。この山に立つと、そんな時間の感覚が身に染み込んでくる。

岐阜城から長良川を望む

城主のいない岐阜町

一五八二年、信長が本能寺にて明智光秀に討たれたのち岐阜城は新しい城主を迎えたが、その発展は長く続かなかった。というのも、一六〇〇年に徳川家康が天下統一を果たし、江戸時代の幕開けにともなって岐阜城は廃城となったのである。家康は古来より歴史的重要性を秘め、そのうえ商業の繁栄によって経済力をつけた美濃に注目し、それまで美濃に勢力を浸透させていた豊臣氏を一掃することからはじめた。そして、美濃の要地を網羅する幕府直轄領を創設したのだ。さらには、御三家の一つとなる尾張藩を設け、順に直轄領を藩に編入していったのである。

江戸時代以降は城下町ではなくなった岐阜町ではあるが、道三や信長によって築き上げられた経済的な基盤が資産となり、新たな社会制度のもとでも要としての位置づけを保ち続けたのである。さらに、長良川の水運による岐阜町への物資集積は地理的な要因やそれまでの慣習から継続した。陸の交通が発展するまでは、あらゆる物資の中継地点として機能していたのである。かつての川湊の周辺地域、つまり現在の岐阜市玉井町、湊町、元浜町を中心に長良川沿いには店を構えた大きな商家が立ち並び、材木、紙などを中心に中継輸送して売買したり、それらを加工して商品をつくって販売するなどの経済活動が町を支えていったのだ。

このようにして江戸時代においても賑わいを維持し、町としての機能を維持してきた裏には商家、卸問屋、職人の存在がある。そして、町を支えていくためには、町人同士の相互扶助が必要不可欠となり、彼らは一つの運命共同体として支え合うことを覚えていった。町の繁栄が継続するためには、そこにある自然の恩恵と、その恵みを受けて積み上げていく人々が必要であり、どちらかが欠けても達成されることがなかったと言える。

ところで、「繁栄」、「発展」とはいったい何だろうか。アスファルトで囲われ、高層ビルが立ち並び、あらゆる商品がすぐに手に入り、時間を消費する娯楽を提供してくれる場が人々の「繁栄」と「発展」を示しているのだろうか。現代の科学技術の功績を捨てて過去への回帰を促すわけではない。ただ、脈々と続いてきた私たちの生活の背景にあったものをもう一度認識するときが迫っているのではないだろうか。自分の知らなかった故郷の歴史を辿っていくにつれ、そんな思いを抱くようになっていった。

岐阜町の生活文化

岐阜城主の移り変わりのなかで岐阜町は形成されていった。では、その時代の庶民の生活はどのようなものだったのだろうか。集積する物資を仲介販売したり、物資を原料として加工販売するなかで新たな地場産業が生まれたりして、岐阜町が経済的に優位な町となっていったのは先に述べた通りである。道三にはじまる楽市楽座によってその優位性はよい形で促進され、市場経済が形づくられていった。川湊に運び込まれる物資、そのなかでも紙と竹でつくられる品々は岐阜の産品としての位置づけを色濃くしていった。

岐阜提灯、和傘はいわずと知れた岐阜の名産品であり、それらの原材料も和紙と竹である。ただ、長良川の上流に紙漉きの盛んな地域があるというだけではなく、そこで漉かれる和紙が薄くて丈夫だという特徴をもっていたために加工をすることで生活のなかに取り込むことができたのだ。

水が美しく豊富にあることを背景として紙漉きが盛んな地域は美濃のほかにもたくさんあり、それぞれの地域で、それぞれ異なる性質をもつ和紙が漉かれている。そして、それにあった加工品が生産され、その土地に根付く産業となっている。モノや人の流動性が高く、あらゆる国や地域の情報を瞬時に手に入れることのできる社会になる前は、当然、そこにあるものを最大限に活用して、一番よいものにするためにはどうしたらよいのかということを考えることがものづくりのスタートであった。だからこそ、土地それぞれのもつ特徴、つまり「地域性」がその地に住む人の生活にとって大前提となって、それを活かし続けることで地域の個性は自ずと大切にされていったのである。

さて、岐阜で生まれたうちわも和紙と竹を原料とした製品の一つであった。しかしながら、江戸期に岐阜町でつくられていたうちわは、提灯や和傘のように岐阜の特産品としてではなく商業製品の一つとして位置づけられていた。和紙製品を扱う商家が岐阜提灯などを中心に製造するかたわらうちわも製造するというように、二次的な製品にすぎなかった。なぜなら、現在のような工芸品ではなく、日用品としてのうちわの生産がメインだったからである。

事実、岐阜提灯と岐阜うちわの社会的認識の違いは明らかであった。岐阜の提灯は、一九世紀前半に盆提灯として江戸の町で流行しはじめ、江戸時代の後半には尾張藩の御用品として毎年徳川将軍家に納められていた。

尾張藩の儒学者であった松平秀雲（一六九七～一七八三）によって一八世紀中ごろに編纂された『岐阜志略』では、うちわは岐阜提灯が明記されている「岐阜名物」の項ではなく、「岐阜にて仕出す商物」として「油」や「酒」と並んで記されている。うちわが「岐阜うちわ」として特産品と明記されるには、明治時代まで待たなくてはならない。すなわち、当時、うちわは人々にとって身近にあるもので、生活に密着したものだったのだ。

◆ 岐阜の特産品　岐阜提灯 ◆

繊細な骨をもち、花鳥の美しくカラフルな絵付けをした薄い紙が張られている岐阜提灯。その起源の詳細は明らかではないが、江戸時代初期の洛中洛外図に描かれている提灯が岐阜提灯と関連性が深いのではないかといわれている。現在も、夏になると川原町や金華のあたりの家々の軒下に吊るされて涼風に揺れる岐阜の提灯は、大きく分けて二度変革のときを経験している。一度目は明治維新まもなくで、岐阜の紙製品の復興者である勅使河原直次郎の手によって息を吹き返し、海外をはじめとして国内でも江戸時代以来のブームを巻き起こしたときである。そして、二度目の復活は、20世紀を代表する石の彫刻家であるイサム・ノグチが1951年より制作を開始したプロダクト「あかり」シリーズである。それまでの岐阜提灯の常識を覆すような斬新な形状（たとえば、直方体のものや米粒型、そして縦長でくねくねと波打つ形状のものなど）を生み出し国内外から注目を集めた。

参照：岐阜市歴史博物館著『ちょうちん大百科――伝統の技と美』岐阜新聞社、1996年、「Casa 特別編集 A century of Isamu Noguchi」マガジンハウス、2005年。

風に揺れる岐阜提灯

◆ 加納の和傘 ◆

ＪＲ岐阜駅の南側に位置する加納地区は、全国一の和傘の産地である。この地域でつくられる和傘は江戸時代から「美濃傘」と呼ばれ、最盛期の昭和20年代には何と600もの製造業者がいたという。雨具としての番傘や茶会で使う野点用の野点傘など、現在もさまざまな種類の傘をつくっている。特徴的なこととして、加納では一本の傘をつくるのに十数人の職人による分業制が敷かれている。これは、一つの部品を製造するのに特殊な設備と技術を要するからである。骨竹の製作からはじまり、紙染めや張りなど、数多くの工程をそれぞれ専門の職人が行うため、一人が欠けても一本の傘を完成させることができない。

赤や紫、黄土色などの色の傘を広げて天日で乾かす干し場の様子は、岐阜の伝統工芸である和傘の美しさを世に知らしめている。

現在は、職人の高齢化が進んでいることや和傘の需要が少なくなっていることにより後継者問題が浮上してきている。しかし、歌舞伎や日本舞踏など、日本を代表する芸能に使う和傘の受注も依然と多いため、日本文化の継承という強い気持ちで職人は日々作業を続けている。

参照：加納景観まちづくり実行委員会編『加納』加納景観まちづくり実行委員会発行、2006年。『岐阜市史　通史編　民俗』岐阜市、1977年。

加納の和傘

三、水ちわ復活プロジェクト

水うちわを切望する

古くから、人々の身近にあったうちわ。もちろん、今の私たちの生活のなかにも、夏になればさまざまな場所でうちわを見かけることになる。千代紙を地紙とする色とりどりのものや、蚕《かいこ》を面《おもて》に這《は》わせて絹を張らせた「まゆうちわ」(1)、電源スイッチをオンにして扇ぐと光る「電光うちわ」など、数え切れないほどの種類のうちわがある。しかし、やはり水うちわほど惹かれるものはない。水うちわを、どうしても手にしてみたいと切望するようになった。

デパートには既製品が並び、インターネットでは好きなときに好きな商品を購入することができるが、本当に欲しい商品となるとあまりない。私たちは、あまりにも多くのものや情報が溢れる社会に生き、何に価値を置いて自分自身に芯を通せばよいかが分からなくなっているのではないだろうか。だからこそ、これほどまで私たちを魅了する水うちわの復活は、住井商店の一つの商品復活以上に大きな意味をもつことになる。

水うちわが誕生したのは一八八六年(明治一九年)である。それからおよそ一二〇年後の二〇〇四年、その水うちわをもう一度つくるためにはありとあらゆる条件が欠けていた。復活をさせるためには、それらを一つずつ掘り起こして形にし、組み合わせていかなければならない。

二〇〇四年の春、私は蒲に連れられて住井商店へ赴いた。そこで、水うちわを初めて目にし、その美しさにたちまち虜になった私は、水うちわの復活が待ちきれなくなり、東京に住んでいたにもかかわらず仕事が休みのたびに岐阜に赴き、一成と蒲が立ち上げた復活プロジェクトに顔を出すようになった。

雁皮紙の入手

水うちわに欠かせないのが雁皮紙《がんぴし》である。雁皮紙とは、和紙の原料となる植物のなかでも楮《こうぞ》や三椏《みつまた》より繊維が長いジンチョウゲ科の「雁皮」という植物を原料としている紙のことで、紙自体は非常に薄いのだが張りがあって破れにくいという丈夫な紙である。かつては、ガリ版印刷の原紙として身近なところで利用されていた。しかし、コピー機の出現によってガリ版印刷は姿を消し、それと同時に雁皮紙の生産もほとんどなくなった。生活に密着していたはずの

（1）うちわの骨の上に蚕を這わせ、絹糸を張らせることでつくられるうちわのこと。薄く張られた絹のもつ、和紙とは異なる光沢が美しい。現在、養蚕の衰退とともに生産者数は減ったが、岐阜県ではちょうちんの生産の傍ら、まゆうちわの制作を行う工房が残っている。

紙が、現在では入手が困難な紙となってしまった。

と、調べてみて性質や原料、現状は分かったものの、実際、どこでどのように入手すればよいのだろうか。住井商店がこれまで雁皮紙を仕入れていた紙問屋には在庫がほとんどなかったので、二〇〇四年の一年目は、岐阜市内のほかの紙問屋から他県で漉かれた雁皮紙を購入してそれを使うことにした。

需要がなくなった雁皮紙は、どの地域においても全体的に漉かれなくなってしまったそうだ。一九八一年（昭和五六年）に行われた調査（『手すき和紙の生産実態（昭和五六年度）』FUTURE 第二二号）によると、雁皮紙を漉くのは福井、島根、愛媛、高知のただ四県となっていた。すなわち、美濃ではこの時点でもはや産業生産は中止されていたのである。

問屋に在庫がほとんどないのなら、雁皮紙の生産者に直接当たるしかないのではないか……。しかし、紙の生産者とは？　それはどんなところで、どのように生産をしているのか、またそのような人たちにはどうやったら出会うことができるのだろうか。

よく考えたら、身の周りにある紙はそのほとんどが洋紙だ。コピー用紙、ノート、ポスター、紙ナプキンなど、これらの紙はどこで誰の手で、そしてどのようにつくられているのかという疑問さえこれまで抱いたことがなかった。というのも、文房具屋やコンビニに行けば何の苦労もなく手に入るからだ。ましてや、普段あまり使うことのない和紙についてなど知る由もない。

「美濃紙(みのがみ)」という日本を代表する紙の産地がすぐそばにあるにもかかわらず、私たちは紙についてあまりにも知らなすぎた。これを機に、まず「知らない」ということを「知る」ことに努めるようになった。

日本最古の紙——美濃紙の今と昔

岐阜市から長良川を北に上っていく。山々が重なりはじめ、川の岩がゴツゴツと荒削りになって空気がよりいっそう澄んでくるころ、美濃市に入る。そこは、なんと一三〇〇年以上もの歴史が積み重なる美濃紙の産地として知られているところである。

既述した通り、現存する最古の美濃紙は大宝律令時に戸籍用紙として用いられ、日本最古の宝物殿である正倉院に保存されている。ちょうど、最古の紙が使われていたとされる西暦七〇〇年ごろに仏教が興隆し、写経が盛んになったことから紙の需要が高まり、各産地で生産された紙が平安の都に運ばれるようになった。それらの産地の一つが美濃であり、主要な産紙国として期待されるようになっていた。(2)

(2) 澤村守編『美濃紙　その歴史と展開』七四〜七五ページを参照。

では、なぜ美濃で紙が盛んに漉《す》かれてきたのだろうか。それは、和紙の原料となる楮《こうぞ》の質がよく、大量に採れたからだと言われている。そして、紙漉きのあらゆる工程に必要とされる水を絶え間なく供給してくれる豊富で清らかな水流があったからである。こうした理由に目をつけてか、古来、大陸から日本へやって来た渡来人、とくに技術者集団として日本に製紙技術を持ち込んだ秦氏の系統が美濃に入って紙漉きをはじめたのではないかと言われている。(3)

何かが生み出される裏には必ず理由がある。温度や気候、生息する動物や植物、または地形などの特異性である。自然に裏打ちされたものはその地に根付き、引き継がれゆくのが必然となったわけだ。

美濃の紙は、ほかのどの産地の紙よりも品質がよく、もっとも優れた紙であると言われていた。(4)それは、時代を超えて現在にまで継承され、美濃市は明治時代において日本の紙製造の中心となった。とくに、美しい水を豊富に湛《たた》える長良川の支流である板取川周辺では、ほとんどの世帯が紙漉きを営んだ。父が紙の原材料の下ごしらえをし、紙漉きの道具をつくる。母が紙を漉き、子どもたちは原材料のチリ取りなどの細々《こまごま》とした作業の手伝いをする。たくさんある和紙製造の工程を家族全員がそれぞれこなすことで、産業が成り立っていた。美濃紙は、まさに美濃という地域が全体として営んできた地場産業なのである。現在は紙の生産者が激減し、紙漉きの技術も途絶えようとしていたが、近年、職人を志す若者が美濃に集結したことで、少しずつであるが新しい技術の開発や後継者育成が着実に進んでいる。

私たちがこの美濃の若手の職人らと初めて出会ったのは、復活一年目の秋が終わって冬に差し掛かったころであった。彼らは二〇代から三〇代の職人の集まりで、一度途絶えようとしていた美濃紙の技を受け継ぐために、数年間にわたってそれぞれの師に学んで独立を果たしたところであり、それぞれの特徴を生かした紙の製作を行っていた。

生成りの温かみのあるプレーンな紙を得意とする加納武さんは、伝統的手法にこだわり、きめが細かく美しく、同時に強くてしなやかな紙を漉《す》く職人気質な人物である。また、グラフィックデザインを取り入れてパターン化したものを透かし和紙として表現する保木成敏さんは、手漉きとは思えないほどの緻密な柄を手漉きでしかできない繊細な方法で透かしを可能にした発明家のような職人だ。そして、学生時代に日本画を学んだ家田美奈子さんは、その技を生か

（3）「わずかな事例の周辺を探った結果、その周辺に渡来系氏族、とくに秦氏系統の影をみいだすことも不可能ではなさそうである。（中略）とりわけ秦氏系統の影響を重視してよいことが、この美濃の場合にもあてはまりそうなのである」（澤村守編『美濃紙　その歴史と展開』二一七〜二一八ページ）。

（4）澤村守編『美濃紙　その歴史と展開』の七五ページに掲載されている「第九表　天平九年ごろの「調紙」の経紙としての可用率」により、美濃の紙は可用率（納める紙の総量に対して実際に利用できる紙の割合）が一〇〇パーセントで、品質上何ら劣る点がなかったということが分かる。

して美濃和紙に雲母《きら》染めを施すなど、さり気ない演出を加えることで紙に表情を与えることを得意としている。最後に、二人でユニットを立ち上げて落水紙と薄みの和紙を中心に漉いている倉田真さんと澤木健司さんは、最高級の原材料を使って光沢のある艶やかで精密な和紙をつくるこだわり派だ。

それぞれが漉く紙の性質は異なるものの、彼らはみな、美濃和紙のことになると話が止まらないというところは共通している。和紙職人になるまでのバックグラウンドは違っても、美濃和紙への愛情は同じく深いのだろう。彼らは、その美しさと高い品質で古来より称賛を寄せられてきた美濃和紙の技術を現代に蘇らせることを目的に、日々試行錯誤を繰り返しながら尽力し、確実に手腕を上げているのである。

しかし、高い技術をいくらもっていても生活のなかに和紙が取り入れられない現在では、彼らの仕事がすぐに成り立つことは難しい。とはいえ、志も高く、紙漉きの技を伝承するために尽力する彼らを支える紙問屋の家田紙工や、その新商品ディレクターである古田菜穂子さんの協力もあって、徐々にだが社会の目が変化しつつある。私たちも復活二年目の二〇〇五年には、薄い紙を漉くことを得意とし、共同作業を行っている二人の職人に水うちわのための雁皮紙の生産をお願いしていた。

うちわ絵への挑戦

さまざまな経路から雁皮紙の入手を図り、先にも述べたように、一年目は岐阜市内の紙屋にて雁皮紙を入手した。さて、次なる課題は、うちわのデザイン性を決定づけるとも言える絵柄への挑戦となった。

住井商店が現在店頭で販売している漆うちわや渋うちわは、先代より伝わる自前の型を使って絵付けを行っている。朱や黄、紫など、ベースとなる一色と黒の合計二種類の色を使う二色刷りに対応する絵柄は、はっきりとしたラインで明快な表現を特徴としたシンプルなものである。しかし、水うちわにはこれらの型を使わず、独自のデザインを考案することにした。岐阜提灯の絵柄のような多色刷りができるわけだから、その透けるように美しい紙がよりよく引き立つようなもの、そして、若い人たちに気軽に手にしてもらえるようなデザインのものにしようと考えた。

一年目の水うちわのデザイン、それは蒲が撮影したハナナスの実と枝の写真を色加工したものである。ピンク、橙《だいだい》、鶯色《うぐいすいろ》、これら三色のバリエーションを考案した。うちわの涼しげな雰囲気を表現できるよう、いずれも淡い水彩色を施した。さらに、水うちわの透明度をよりいっそう引き出すべく、絵柄には余白部分を多く残した。

鵜飼や金華山のロープウェイなどといったかつての絵柄は、水色や鶯色などの淡い色の地紙をベースにして、その上からうちわ絵の職人が手刷りにて多色の柄を施したものであり、うちわをキャンバスとした絵画のようである。しかし、今回はこうしたかつての日本画的で観光客向けのイメージを一掃して、若者や女性好みのデザインとした。生活のなかから少し離れてしまった手づくりの伝統工芸品の一つである水うちわ。とくに若者には、もっと身近に感じてもらって、こんないいものがあるんだということを知ってもらいたい。そのために、より親しみやすい雰囲気を出していこうとしたのである。

こうして、デザインは決定した。次なる問題は雁皮紙への印刷だ。

復活を遂げた水うちわの絵付けには、最新技術を積極的に活用した。一年目は、インクジェットのプリンターで一枚ずつ破れはしないかと気を配りながら地道に印刷を行ったが、手間と時間がものすごくかかったにもかかわらず、薄く透けた雁皮紙に満足のいくだけの印刷ができなかった。困難をきわめた一年目から試行錯誤を重ね、二年目には岐阜提灯への絵付けと同様のシルクスクリーン印刷を、そして三年目の二〇〇六年には、和紙専用の高性能な業務用プリンターを用いて印刷を試みた。

シルクスクリーン、業務用プリンターのどちらの方法をとっても、かなり美しく絵付けができることが分かった。どちらも、岐阜提灯の地紙への絵付けに使われているものであるため、似たような薄い紙を用いる水うちわには適していたのだろう。とはいえ、この二つの方法以外にも印刷方法はあるだろうし、絵柄や最終的につくる本数によって、シルクスクリーンと業務用プリンターのどちらを利用するのがよいか、はたまた手描きがよいのか異なってくる。

いまだ、どのような方法が水うちわにとってベストなのかを模索している段階である。絵付け職人の不在や版の入手が困難なことから、すぐにとはいかないものの最終的にはかつての技術を用いた絵付けが目標である。それは、岐阜提灯の絵付けの主な手法で、木版刷りと型紙を使った刷り込みという方法である。

さて、印刷技術の発達が原因でガリ版印刷の原紙である雁皮紙《がんぴし》の役割が終えたわけだが、高度に発達した印刷技術によって水うちわが現代社会で息を吹き返すことになったのは、ある意味、皮肉な出来事であった。しかし、発達し続ける科学技術によって生活が成り立つ現代のライフスタイルのなかで過去に途絶えたものを甦らせようとしたとき、最新技術を排除してかつての方法だけで再現しようとするのではなく、技術を駆使していくという選択も時として重要なのだろう。先人の知恵と現代の科学技術の融合、あらゆる時代を超えて継続するためには必要不可欠な処世術なのかもしれない。

水うちわを張る——職人の挑戦

住井一成は、父の跡を継いでから二、三年は絵付けの済んだ雁皮紙を使って水うちわをつくっていた。しかし、一九九〇年あたりに紙の在庫が切れてからは水うちわを張ることはなかった。つまり、彼にとっても水うちわの張りは新たな挑戦と言えるものであった。

薄い地紙に刷毛《はけ》で注意深く糊をつけて、竹骨に密着させていく。雁皮紙は、ガリ版刷りや銅版画の原紙としても使われていたのだから、見た目の薄さから想像されるよりはかなり丈夫な紙である。とはいえ、岐阜うちわの特徴である竹骨と紙の高い密着性を保つためには、紙を強く竹に押し付けて、紙が浮くことなく何本にも

水うちわを張る一成

細く割かれた竹骨のすべての断面にしっかりと貼り付けなければならない。雁皮紙の扱いに関してあまり経験のない一成にとって水うちわの張りは神経を使うものであった。

そして、さらなる課題、それはコーティングに使うニスの入手である。かつて、水うちわ用のニスは先代が地元のニス製造会社に特注して調合してもらっていたという。そのニスを使ってうちわの面を上塗りすることで、その名に見合う水のような透明さが与えられるのだ。ところが、そのニスの在庫は住井商店にはもうほとんど残っていなかったし、ほかのルートで手に入るものでもなかった。そこで、先代が使ったニスの在庫を持って、一成と蒲はニス製造会社を訪れた。

「同じ水うちわ用のニスを調合してもらえませんか？」

復活初年の二〇〇四年は、先代が発注していたニスのサンプルがこの会社にあったため、同じものを購入し使ってみることになった。とくに、大きな問題もなくうちわの面《おもて》にムラなく乗り、半透明の雁皮紙をトンボの羽のように艶やかに透けるものにした。

首尾よくいったため、二年目の二〇〇五年には「少量の発注しかできない」という前提でメーカーに製造を依頼したところ、「発注があまりにも小ロットなためビジネスにはなりにくい」とは言われたが、「地元のうちわ製造のためである」という理由から引き受けてくれたのである。

ニスがなければ水うちわをつくることはできない。地域のつながりというものは何と心強いのか。これが他地域のメーカーであったら、商売が成り立たないという理由で取り合ってくれなかったかもしれない。水うちわの復活に、新たに仲間が加わった瞬間である。このようにして、想いをともにそれぞれの役割を果たすアクターは次第に、そして着実に増えていった。

仕上げに必要となるニスの準備が整い、これでようやく水うちわ復活の夢が現実のものとなった。しかし、原材料がすべて揃っただけでは水うちわの完全復活とは言えない。さらなる問題が浮上したのだ。それは、水うちわの面《おもて》の透け具合がニスを塗る日によって違ってしまうということであった。

ある日、一成がうちわにニスを塗ると、水のように透けるはずのうちわの面が全体的に白濁してしまったのだ。紙質に問題があるのか、それともニスか、もしかしたら塗り方に原因があるのか……。雁皮紙が貴重であることをよく知っている一成にとって、多くの失敗が許されないということは大変なプレッシャーとなった。

何度かニス塗りを繰り返した結果、水うちわの透明度の差はニスの塗り方や技術とは関係がないことが分かってきた。うちわを二〇年近くにわたってつくり続けてきた一成が一枚ごとに異なる塗り方をするはずがない。失敗したものと上手くいったもの、ニス塗りのときに何が違うのかを注意深く調べていくと、どうやらニスが白濁する日は湿度が高いか、もしくは雨が降っている日であることが判明した。つまり、カラッと晴れた、湿度の低い日にしかニスの上塗りができないことが分かったのである。

それ以後、一成は水うちわのニス塗りに適している日かどうかを天候で判断することにした。その結果、つくることのできる日がかぎられてしまうために生産本数に限界が生じたが、晴れた日にしか張れないうちわとなると、いかにも夏に活躍する水うちわに似合ったつくり方である。

現代において、天候に左右される製造工程がある商品はそうないであろう。気候の影響が大きい農業でさえ、温室栽培で時季が違っても育てることのできる作物や、品種改良によって気温の変化にずいぶん強い種が生み出されたりしている。そのほかどんなものでも、製造に最適な施設や設備を用意し、いついかなるときでも必要に応じた数量を一定の時間でつくることができる仕組みがすでに完成されている。この〝完璧な〟仕組みが社会に浸透していること自体が驚異的なことだと、原料も生産環境もかぎられている水うちわがつくられていく様子を近くで見るにつけ感じるようになった。

「人間なんだから間違いはある」と人はよく言う。この言葉を肯定的に受け止めるならば、人間によってつくられたもので溢れている私たちの生活に、どこまで完璧さや緻密さを求めるのかということになる。そう考えると、自己矛盾との絶え間ない葛藤がはじまるのである。

さて、うちわ絵、印刷方法、ニスの入手、そしてニス塗り……常に手探りで、問題にぶつかっては一つずつそれを解決していった。その方法が本当に最適であるかどうかは分からないまま、水うちわを復活させたいという強い想いに背中を押される。これらの想いの集積によって、二〇〇四年夏、水うちわがとうとう復活を果たした。

「水うちわ、住井さんから届いたよ！」

Ｇ－ｎｅｔのオフィスに立ち寄ると、真っ先に蒲は私にそう伝えた。とうとう念願の水うちわが……。胸の高鳴りを抑え切れないまま、届いた荷物の箱をそっと開けた。箱のなかには、緩衝材《かんしょうざい》代わりの電話帳の一ページと水うちわが交互に重なって積み上げられていた。三色の水うちわがそれぞれ二〇本ずつ、合計六〇本が約束通り納められたのだ。

私はまず、一番上の水うちわの柄《え》をそっと掴《つか》んだ。漆が塗られて光沢のある濃いこげ茶色の柄は、上品に艶めいて輝いている。うちわの上に乗っている電話帳の紙を取り除くと、予想以上に透けた水のような面《おもて》のうちわが私の目の前に現れた。両手で柄を持ち、頭上に掲げた。白い天井が面を透かして見える。これこそ、私たちが待ち望んでいた水うちわだ。復活の背景にある職人の苦労、プロデュースした蒲の想いを知る私にとって、喜びもひとしおだった。

四．水うちわの創始者——勅使河原直次郎

紙製品の復興者

ようやく形となって復活を果たした水うちわ。水うちわが誕生してからおよそ一二〇年後、同じ岐阜の町で一三年振りに新生水うちわがつくり出された。水うちわ復活プロジェクトとのかかわりが深まれば深まるほど、それを生み出した先人のことが気になりだした。いったい、どんな人がどんなきっかけで水うちわをつくったのだろうか。そして、水うちわ誕生の背景にあるものとは……。

うちわを含めた紙製品の繁栄は昭和の時代を頂点としている。その繁栄の背景には、明治に生きたある人物の存在が欠かせない。その人物とは、勅使河原直次郎《てしがわらなおじろう》である。

明治初頭、紙製品、とくに和紙製品の代表的存在であった岐阜提灯の製造は衰退の一途を辿っていた。江戸時代においては、毎夏必ず使われていた盆提灯。そのなかでも、鮮やかで繊細な絵柄を特長とする岐阜提灯は全国的にも流行し、こぞって買い求める人が後を絶たなかった。しかし、次第にその生産量は下降していく。明治維新によって社会に大きな変動の波がやって来たために世の中が混乱し、「ぜいたく品」と呼ばれるものが一番初めに手放されていったのである。手の込んだつくりで美しい絵柄の入った岐阜提灯もまた、ぜいたく品の一つに違いなかった。提灯一つで、その時代の社会の様子を垣間見ることができる。

いつの時代も、激しい移り変わりのなかで、変化なくそのままの形で永遠に名をとどめるものなんかはないのかもしれない。何かが廃れ、何かが生まれるという繰り返しこそが常なのだ。それは、何も情報が大量に行き交う現代社会にかぎったことではないだろう。

さて、衰退の一途を辿りはじめる岐阜提灯を中心に岐阜の紙製品の復興に大きく貢献した勅使河原直次郎であるが、彼は、明治維新後、海外からの文化流入、日本文化の国外流出が激しくなる時代に生きた。海外の人、もの、様式などが日本へ流れ込んできたのと同時に日本文化も国外に向かって流出したわけだが、それが理由で提灯や和傘、うちわなどといった和紙製品が外国人の目に留まることになった。欧米にはない日本特有の和紙製品は、日本文化を代表する分かりやすいシンボルとなったようだ。

明治維新時の混乱が終息すると、外国への輸出品として、または岐阜へ訪れた際の土産物として、うちわも含めて岐阜の和紙製品の需要がたちまち増えることになった。一八七二年（明治五年）には、年一万本、一八七五年（明治八年）には五万本ものうちわが岐阜で生産されていた。(1)

こうしたトレンドをとらえ、これらの製品をより精巧なものとし、さらに外向きに巧妙に宣伝をして広めていったのが勅使河原直次郎だった。

直次郎は、一八五九年、現在の岐阜市西材木町の裕福な家に生まれた。彼は、一八七二年（明治五年）に制定された国立銀行条例のもと、一八七七年に設立された第一六国立銀行（現・十六銀行）に一八歳の若さでかかわった。そのうえ、銀行開業後は取締役を務めていたのだから彼の社会的評価が非常に高かったことが分かる。さらにいうと、当時の条例下で銀行設立にかかわることができたのは、全国を見わたしても江戸時代に藩に勤めて財を保持する在郷士族がほとんどで、特権階級にかぎられたものだった。

しかし、岐阜に創設された第一六国立銀行は、なんと出資額の九九・四パーセントが平民からのものだった。つまり、岐阜町は、江戸時代以降に城下町としての役割を終えてからは、ずっと商人の経済力によって生きながらえてきたのだ。そして、直次郎もまた岐阜町において財力を携えた商人の一人であった。

勅使河原直次郎
（写真提供：岐阜市歴史博物館）

江戸後期から明治初頭にかけて、一時は一世を風靡《ふうび》した(2)岐阜提灯をはじめとする紙製品の生産量が急激に落ち、危機的な状態に陥っていたことは前述した通りである。直次郎は、岐阜提灯の生産業者であった神山茂左衛門（?～一八八二）とともに衰退しはじめた岐阜提灯産業を手がけることになった。なぜ、彼が提灯の商いをはじめたのだろうか。それは、明治天皇の岐阜への行幸がきっかけであった。一八七八年（明治一一年）の天皇の行幸にあたり、県下の産業状況を示しつつ岐阜への旅情を慰めるにふさわしい献上品(3)の協議が当時の岐阜の有力者の間でなされたのである。

直次郎は、岐阜提灯こそが岐阜の産業振興に大きく影響し、かつ岐阜の土産物としてもっともふさわしいと発案し、研究および製作を開始した。そして、大きさが七〇センチ近くある縦長の卵型と球体の丸型という二種類の提灯をつくった。

数ミリ程度に細く削った竹ヒゴを提灯の型に一本ずつ巻きつけ、一周ごとにヒゴの断面を接

(1) さらに、「その後生産は次第に伸び、明治三六年には年産約一四七万本」と、うちわの生産は非常に伸びていた（岐阜市歴史博物館編『日本のうちわ　涼と美の歴史』九〇ページ）。
(2) 「岐阜提灯が幕末時代、既に岐阜の地名を冠せらるる程にしられ」（『岐阜挑燈に関する調査研究』六八ページ）ていたことから、江戸末期においては全国的に流通していたと考えられる。
(3) 「時の県令小崎利準は聖上行幸に當り県下の産業状況を台覧に供し、兼て御旅情を御慰め奉る方法に就て市民の有力者と協議した」（『岐阜挑燈に関する調査研究』六八ページ）

着していく。そして、透けるほど薄い上質な楮紙《こうぞし》である典具帖紙《てんぐじょうし》を、竹ヒゴでかたどった提灯の骨の上から張っていく。ヒゴの細さと紙の薄さが、提灯の繊細さを強調する。絵付けは、岐阜を代表する土佐派の画家である牧田種磨（一八三五〜一九〇八）に依頼した。直次郎は、岐阜提灯をより高級感溢れる提灯にするために素材一つ一つにこだわり、生産工程の細部にまで気をつかった。

こうして完成した直次郎による新生「岐阜提燈」は、天皇より高い評価を受け、なんと天皇に仕える太政大臣より直々に、提灯製造を営むことをすすめられたほどである。時の財界人が提灯屋に転身する。「挑燈屋になるまで落ちぶれては居らぬ」(4)と心底思っていた直次郎だけに、天皇からのすすめであってもかなりの躊躇があった。しかし、その後も再三にわたって声かけをされたため、意を決して提灯の製造をはじめることにしたのである。

こうした経緯から、直次郎は岐阜提灯をはじめとしてさまざまな和紙製品を手がけた。和傘、紙ナプキン、そしてうちわもその一つであった。もちろん、それらの工芸品はすでに岐阜でつくられていたのだが、やはり彼の感覚で、従来のデザインやつくりを精巧なものにすることで次々と息を吹き返していったのである。

では、これらの紙製品を直次郎はいかにして広めていったのだろうか。これまでも、提灯の生産は盛んにされていたはずである。いったい、彼が仕掛けた和紙製品のプロモーションとはどのようなものだったのだろうか？

直次郎の功績その一――日用品から高級品へ

彼の功績は大きく分けて二つある。既存の製品の質を高くしたこと、そしてそれらを広く県外、さらには国外へ宣伝をしたことである。つまり、彼は、日用雑貨としてつくられ続けてきたものを高級品に仕立てていったのである。

まず、彼は、うちわの主役とも言える絵柄の刷新を試みた。直次郎は当初から、日本画家で、のちに文化勲章を受賞し、日本画壇において中心的な存在となる川合玉堂《かわいぎょくどう》（一八七三～一九五七）に岐阜提灯やうちわの下絵を発注していた。玉堂の父が岐阜の米屋町で文具店を営んでいたこともあり、短期間だが直次郎と玉堂は同じ町に暮らしたことがあったのだ。

「菊の葉の方形に重なりたる等、大ニ見苦し」(5)

これは、一九〇四年（明治三七年）一〇月二三日に直次郎から玉堂へ送られた封書の一文である。この二人の手紙のやりとりは、約二五年間にわたって続いた。そのなかで、直次郎が玉

（4）岡村精次『岐阜挑燈に関する調査研究』七〇ページ。
（5）筧真理子「勅使河原直次郎関係資料について」『岐阜市歴史博物館研究紀要第一三号』所収、一九九九年。

堂から受け取った試作品に対して批判やアドバイスをすることも珍しくなかった。

直次郎が玉堂に下絵を発注しはじめたころはまだ画家の卵であった玉堂だが、次第に名を馳せていくことになる。そんな玉堂を先んじて見抜いていた直次郎は、芸術面においても先見性に長けていたと言える。直次郎が茶道や和歌、漢詩、書などを愛し、自らそれらを実践する風流人であったことを考慮すれば納得のいく話である。そのうえ、彼は提灯屋として、提灯自体の性質や特徴を熟知していた。これら両面を兼ね備えていたことで、提灯に芸術的な要素を導入することができ、新たな岐阜提灯をつくり上げることができたのであろう。

直次郎は、提灯の絵柄だけではなく製品そ

勅使河原合資株式会社（写真提供：岐阜市歴史博物館）

のものをより精巧なものとすることも忘れていなかった。岐阜に隣接する名古屋では、江戸時代より名古屋提灯が製造されていた。一時は全国一の生産量を誇るほどの産地であったため、直次郎は高い技術をもつ名古屋提灯の職人を岐阜に招き入れることで職人の技術を全体的に高めていった。また、岐阜県の南西に位置する揖斐《いび》で、京都のうちわ屋より暖簾《のれん》分けをしてうちわ屋を営んでいた住井冨太郎の息子である冨次郎を岐阜に呼び込んだのも彼であった。

のちに、現在岐阜で唯一のうちわ専業の商店を営んでいる住井冨次郎商店の二代目主人となる住井冨次郎。彼は、父冨太郎の死後に直次郎から声がかかり、父が店を構えていた揖斐《いび》から岐阜へと移り住んできた。冨次郎はしばらくの間、直次郎が経営していた勅使河原合資会社で修行を積み、その後、現在の湊町において独立を果たしたのである。

冨次郎の父は、今述べたように、「深草うちわ」(6)を主な製品とするうちわ専業商店「京都小丸屋住井」より暖簾《のれん》分けをして揖斐に移り住んで店を構えた。繊美な竹骨、うちわ絵を特徴とする深草うちわをつくってきた彼の腕は確かなもので、揖斐に移ってからも深草うちわを生産していたようである。しかし、現在の住井商店はというと、仕上げに漆を上塗りした「漆塗り

(6) 江戸時代に、京都・深草の地で生産、販売されていたうちわ。平柄で、やや縦長の面には木や花鳥の絵が施されて、優美な工芸品である。京都・老舗団扇「小丸屋住井」。http://www.komaruya.jp/

うちわ」と柿渋でコーティングをしてある「渋うちわ」が主な商品ラインナップであり、深草うちわの生産は行っていない。つまり、漆塗りうちわの技術は、富次郎が岐阜に来てから直次郎のもとで修行時代に習得したものであった。

岐阜市湊町に佇み、今にまで岐阜うちわを伝えている住井商店。岐阜におけるこの店の起源に、直次郎は大きく影響していたのである。彼がいなければ住井商店が岐阜町を拠点としていなかったかもしれないし、現在のようなうちわをつくっていたかも定かではない。直次郎という一人の人物が大きなきっかけとなり、現在の姿があるわけだ。もちろん、直次郎の周りには多くの協力者がいたであろうから、必ずしも彼一人の功績であるとは言えない。しかし、最初のきっかけづくりを行った彼の影響力は計り知れないものであろう。

さらに、住井商店の当代である住井一成が現在再生産に挑戦し続けている水うちわも、実は直次郎の存在と深くかかわっていたのである。

うちわに光を……

直次郎が積極的に取り組んでいった工芸品の「高級化」。うちわもまた、日用品から高級品へ仕立てられ、その過程のなかで水うちわは生み出されたのである(7)。

現在住井商店の中心的な商品となっている漆塗りうちわも、直次郎のプロデュースによって一八八四年（明治一七年）からはじめられたものである。岐阜において漆塗のうちわはすでにつくられていたが、(8) 直次郎による高級化によって工芸品としての位置づけがなされていった。つまり、面《おもて》の絵柄への配慮によって付加される高級感は、当然、直次郎の発案だったと言える。

要するに、それまで日用品であったうちわを工芸品たらしめることができたのは、ほかでもない直次郎であった。なぜ、彼が水うちわの考案に至ったのか。それは、彼がうちわだけではなく、岐阜提灯や紙ナプキン、和傘などの紙製品を手広く扱っていたからだと考えられる。岐阜提灯には、向こう側が透けて見えるくらい薄い和紙に色とりどりで繊細な生花や風景などの絵が散りばめられている。それらの絵柄は、提灯に灯される明かりによって命が吹き込まれたかのように艶《あで》やかに浮き上がる。光と影が両立するとともに、それぞれがお互いを際立た

(7) 直次郎の功績一覧において、「明治一九年（中略）薄紙典具帖の団扇に着色の花鳥を描きたるもの及び雁皮紙にワニスを引きたるものを案出し、欧米に輸出す」（『岐阜挑燈に関する調査研究』六七ページ）とあり、これが水うちわの発祥であると考えられる。
(8) 明治一六年七月に発行された「美濃乃魁　名所国産の手引」（岐阜県郷土資料研究協議会　昭和五一年復刻発行）に「漆塗団扇商　藤井新七」の記載があり、すでに専業商があったことが分かる。

せる岐阜提灯。同じ竹と紙を素材としたうちわに、岐阜提灯の技法を応用したらどうなるのだろうか……。ひょっとしたら、提灯と同じくらい美しく繊細な絵柄を表現することができるのではないだろうか……。

直次郎は岐阜提灯にヒントを得て、これまでまったく縁のなかった〝光〟をうちわに与えることで水うちわをつくり出したのではないかと言われている。漆の代わりに、仕上げにニスを用いることで漆のもつような耐久性を保持し、かつ絵柄への上塗りによる影響を最小限にとどめた。つまり、描かれた絵の繊細さや色彩の鮮やかさを、そのままうちわの面《おもて》に表現することを可能にしたのだ。

一八八六年(明治一九年)、今からおよそ一二〇年前に水うちわは誕生した。発想の転換による創造物、水うちわ。意外に身近なところに、しかし散り散りにあったさまざまな要素が直次郎という人物を通して偶発的に出合ったことで誕生したのである。

新しいものが誕生するという背景には、新しい時代の潮流があるのであろう。海外に向けての輸出が増え、日本の伝統的文化が外国から評価され、国内においては再認識・再発見される。新たに創造されはじめた時代に直次郎は生きていたと言える。

理由なくしてモノは生まれない。一歩外に出れば、周りには安価で大量な商品と、それらを必死で売ろうとする宣伝文句があふれていることに常日頃から違和感を抱いてきたが、それもみな時代の要請だったのかもしれない。程度の差こそあれ、誰にも望まれずして生み出されるものはないのかもしれない。

直次郎の功績その二――戦略的なマーケティング

直次郎は、これまでの紙製品を高級品に仕立て直しただけではなかった。彼は、それらの紙製品を東京での展示会や海外で開催される万国博覧会に出展し、販路の拡大を図るというマーケティング戦略に打って出た。これが、彼の二つ目の功績となる。明治維新後、外国人も含めてさまざまな人の目に触れられるようになった岐阜の紙製品、それらを受身ではなく戦略的に外に出していこうというのが彼の考えであった。

製品の高級化と対外的な宣伝活動は表裏一体とも言える。日用品を越え、高級感を付加することで商品を刷新して差別化を図る。つくりは精巧だとしても、美しさや派手さがなければ簡単に人の目を引くことはできない。

直次郎は、一八八五年（明治一八年）から一八八七年にかけて、東京上野の不忍池と京都東山で岐阜提灯の鑑賞会を開いている。また、一八八七年には金華山のふもとにある伊奈波神社において提灯の品評会を開催した。明かりがほのかに灯された岐阜提灯が、雄大な金華山を舞台にして並べ飾られる。揺らめく光に浮き彫りにされた華やかな絵柄が鑑賞者を惹きつける。優美で繊細な岐阜提灯は、こうした演出によってますます愛好家を増やしていった。

しかし、直次郎はこれだけでは終わらなかった。さらに戦略的なことに、会の参加者には岐阜提灯を主題《テーマ》として和歌を詠んでもらっていたのだ。いかに岐阜提灯が美しいかを、第三者が歌にする。そして、それをまとめた歌集を出版することで、より広くその存在を知らしめるという戦略をとったのだ(9)。そして、一八八五年(明治一八年)から一八八八年までに岐阜提灯を題材として詠まれた歌をまとめて、一九〇一年には『招涼集』という漢詩集を出版している(10)。

著名な歌人に詠まれた歌は、岐阜提灯のいわゆる宣伝用コピーとして使うことができる。現在であれば、人気のあるミュージシャンやコピーライターにテレビなどのCMソングをつくってもらって商品の販売促進をするということは超基本的な宣伝手法の一つである。この時代に、直次郎はこうした戦略を巧みに使って積極的な販促活動を展開していったのだ。テレビやラジオ、インターネットというものがない時代に、和歌や漢詩などを使って広報宣伝を行う。当然のことながら、うたを詠むという素養を誰もが身につけていた時代だからこそなしえた手法なのだろう。

直次郎は、国内にとどまらず海外で行われる万博にも積極的に参加をした。一九〇〇年(明治三三年)に、彼は初めて万国博覧会に出展する。提灯にとどまらず、彼は自らが手がけた紙ナプキンやうちわも一緒に海外に持ち出した。フランスのパリで開催されたこの万博では、「団扇《うちわ》」と「日傘」で銀賞を受賞した。その次のロンドン、そしてサンフランシスコでの万博においても、直次郎だけではなくほかの岐阜の提灯業者も賞を受賞するなどの実績を残している。(11) つまり、このころは海外での評価も高まり、直次郎にかぎらず岐阜の紙製品を扱う業者は好景気に沸いていたと言える。

日用品を工芸品に、内向きのものを外向きに、海外との交流が盛んになりはじめ、ようやく開かれた日本に対しての注目が集まるなか、直次郎はまさに時の流れを手中に収めたといっても過言ではないだろう。

その時代にまだ存在していない新しい概念と価値観、それをより早く具体的に打ち出してい

---

(9) この宣伝活動は、直次郎ならではの方策であったことが次の文章からうかがえる。「徳川時代には挑燈の燈を優雅なものとして詠みたる和歌は殆んど見当たらないが、明治時代になってからは岐阜挑燈の優雅を彷彿たらしむる和歌が見えて居る。（中略）但し之等は何れも勅使河原翁の為に詠じたものである」（岡村精次『岐阜挑燈に関する調査研究』一三二ページ）

(10) 岐阜市歴史博物館著『ちょうちん大百科―伝統の業と美』五一ページ参照。

(11) このほかにも、一八九三年（明治二六年）にはアメリカのシカゴで開かれた「コロンブス世界大博覧会」にて優等賞牌を獲得しており、世界各国での評価がとても高かった（『ちょうちん大百科』五四ページ参照）。

った直次郎は、うまく潮流に乗ることができた幸運な人物であったのではないだろうか。逆に、水うちわが生まれたこの時代は、水うちわをつくるための社会環境が整っていたのだということができる。

私たちは、一度途絶えた水うちわの復活生産の難しさに正面からぶつかるにつけ、水うちわが生み出された時代から大きく社会が変化を遂げたことを改めて感じるようになっていた。これまでにたくさんのものが廃れ、二度とつくられなくなるものもあるなかで、水うちわは幸運にも復活を遂げることができた。しかし、どれだけ再生産が望まれても、原材料や職人の欠如などを理由とし、どうしても甦《よみがえ》らせることのできないものもある。モノゴトが成立するためにあらゆる条件が満たされているという状況は、実はとても稀《まれ》なことなのかもしれない。

五・職人は生業を続ける

水うちわを売るために

二〇〇四年八月、新しい命を吹き込まれた水うちわには、復活前の日本画風や岐阜の観光色の濃い水うちわから一転してカジュアルなデザインが施された。『ORGAN』編集部とのコラボレーションということで、面の右下には「ORGAN」のアルファベット五文字が並んでいる。ニスを塗る前の雁皮紙《がんぴし》は少し黄味がかった生成り色で、光にかざすとなんとなく透ける程度の紙だったのだが、ニスが上塗りされたその瞬間、面に張られたその紙は透ける度合いを増して想像以上に輝いた。

一三年の歳月を経て、形としての復活を遂げた水うちわ。雁皮紙を地紙とし、面にニスを塗ることで水のように透明となり、水に浸して扇ぐこともできる耐水性が保たれた特殊なうちわがよみがえったのである。

二〇〇四年八月より販売を開始した水うちわは、あっという間に完売した。販売告知は、G-netの発行するフリーペーパー『ORGAN』の水うちわ号（4号）とホームページ上で行ったのみである。口コミでこのことは広まり、完売後も問い合わせが殺到した。

三色それぞれ二〇本ずつ、合計六〇本の限定販売であった。購入希望者があまりにも多かったため、秋口に四七本を追加生産し、初年度につくった水うちわは全部で約一〇七本となった。そして、そのすべてが即完売。告知経路に理由があったかもしれないが、購入した人の大半は二〇代から三〇代の比較的若い層である。日常生活のなかで、うちわを買う必然性があまりない人たちであるといってもよい年代である。せいぜい使うといえば、花火大会のときぐらいだろう。

街頭でのうちわの無料配布が頻繁にされるようになって、自分でうちわを買うことなんてめったになくなった。もちろん、水うちわという特殊なうちわであるということや、物珍しさとか近年の和雑貨ブームに便乗したために好調な売れ行きを示したのかもしれない。また、スローライフやLOHAS、エコスタイルというような、これまでと異なった豊かさを生活のなかで求める新しい価値観が取り沙汰され、従来にはない市場の伸びが原因となったかもしれない。そう考えると、「手づくり」、「こだわり」、「エコロジー」、「伝統文化」、「自然素材」などの要素をもつ水うちわに注目が集まったのも不思議ではないかもしれない。

水うちわにかぎらず、近年は日本の伝統的な産業や工芸品が見直されて、一度市場からなくなってしまったものの復活がしばしばなされるようになってきた。しかし、こうした新しいライフスタイルや復活が流行りのみをきっかけにして進められているのであれば、その継続は難しいのではないだろうか。短期的な視点でマスコミをうまく利用して市場を盛り立てていくのはマーケティング戦略の一つの重要な方法ではあるが、一過性の風を巻き起こすにとどまるであろう。なぜなら、一度絶えたものには絶えざるを得なかったそれだけの理由があるからである。その原因の根底にあるものを摘出し、一つずつ潰していく、もしくは新しい方法で解決していくことなしには、暫時的に復活を図れたとしても決して継続するものではない。それこそ、単なる「ブーム」として終わってしまう。実際、そうして再び消えていったものも少なくないし、伝統工芸品にかぎらず、あらゆる商品がそういった危険性に見舞われている。

水うちわがそうならないように、原料調達から生産、販売方法に至るまでまだまだ不安定な要素をもつ水うちわをいかに「循環」の輪に乗せていくか。住井商店の一つの品揃えとして、また岐阜の工芸品として根付いて継続するものにしていきたい。そうするためにも、どうして水うちわの生産が中止されたのかを知る必要があった。

消えゆく水うちわ

水うちわが住井商店でつくられなくなった理由は、大きく分けて二つあるという。一つは、水うちわのもっとも主要な原材料の一つである雁皮紙が手に入りにくくなったということである。そして、二つ目は、それまで住井商店と付き合いのあった手刷りの絵付け職人が亡くなってしまったことである。水うちわの特徴となる二つの条件が欠けてしまったのだ。

一つのモノを継続的に生産・製造する条件、それは素材となる原材料が持続的に供給され、そのモノをつくるにあたって、それにかかわる人々がそれぞれの役割を果たし、さらにそのモノがあり続けるための社会環境があること、である。逆に、その一つのものがなくなる条件は、それをつくる条件のなかのたった一つが消えることである。現に、こうしてなくなってきたものは数知れないほどある。

水うちわ生産中止のファクター①――雁皮紙の欠乏

水うちわを、その名の通り「水のように透ける」ようにするために欠かせない雁皮紙《がんぴし》には、繰り返しになるが、楮《こうぞ》や三椏《みつまた》といったほかの植物より繊維が長いジンチョウゲ科の雁皮という植物が使われる。そして、できあがったその和紙の表面は滑らかで適度な光沢があり、しなやかさと強さ、それに加えて凛《りん》とした張りと美しさまでもあわせもち、「紙の王」と呼ばれている。

三〇年ほど前までは、雁皮紙は現在のように珍しいものではなく、ごく身近にある紙であった。というのも、それはコピー機が登場する以前には一般的な複写方法として活用されていた謄写版《とうしゃばん》印刷（ガリ版刷り）において、その原紙として使われてきたからである。とくに、昭和二〇年代初めの軽印刷ブームによってガリ版印刷は一般化し、そのときに美濃でつくられていた雁皮紙は、なんと全国の七〇～八〇パーセントものシェアを占めていた(1)。

ガリ版刷りとは孔版印刷の一つである。つまり、版に穴が開いており、そこをインクが通ることで印刷されるという方法である。雁皮紙《がんぴし》の表面にロウを塗ったものを原紙として、その上に鉄筆で印刷したい文字や絵を描き削って版をつくっていく。ガリ版刷りは、電気や精密な機械、そして高度な技術を必要としない簡便な印刷方法であったために広く使われていた。学校での配布資料の作成にガリ版刷りが使われていたのを記憶している人も多いだろう。

「小さいころにね、山に雁皮を採りに行って、お父さんに渡したもんだよ。そうすると、お駄賃がもらえてねぇ」

紙漉きを営んでいた家庭では、雁皮を採りに行くのは子どものお手伝いの一つだったそうだ。というのも、雁皮は栽培が難しく、自生しているものを原料として使うため、山に採りに行かなければならなかったのだ。すぐ裏山にある雁皮、そしてそれをもとにつくる雁皮紙。いかに生活の身近にあったものかが想像できる。

昭和ブーム(2)の今に言う、すなわち「古きよき時代」にあったガリ版印刷の喪失。雁皮紙の、それまで果たしていた原紙としての需要が激減していった。しかし、雁皮紙の消滅は、需要の低下だけではなく、その原料となる雁皮そのものの性質も原因であった。というのは、もともと雁皮は栽培が困難であるうえに、ほかの和紙の原料である楮《こうぞ》や三椏《みつまた》に比べて、紙漉きに至るまでの原料処理に手間と時間がかかるからだ。

こうして、いくつかの要因を背景として需給のバランスがとられ、雁皮紙を漉いてきた職人が次々と生産を止めていった。そして、ついに水うちわの面に張られる雁皮紙も、持続的に生産され、供給されるというそれまでにあった社会環境が崩壊してしまったのである。

さて、雁皮紙の消滅、それは同時に和紙全体の問題を象徴する事象でもあった。というのは、戦後は、雁皮紙にかぎらず楮紙や三椏紙といった手漉き和紙全般の存続が危ぶまれてきたのである。戦後、紙の需要が急速に高まったことを背景に機械漉きの紙が現れ、それまで市場を占めていた手漉き和紙のライバルとなった。また戦後には、より安く、より均質に、そして大量に生産可能な石油化学製品である洋紙が日本に大量に流れ込み、日用品としての紙を中心的に供給してきた美濃紙と正面からバッティングすることとなったのだ。

機械漉きの、漂白されて真っ白で、厚さも形も均質な紙に対抗するため、紙の生産者らは最

（1）澤村守編『美濃紙　その歴史と展開』五二七ページ参照。

（2）二〇〇六年にはリリー・フランキー著のノンフィクション小説『東京タワー』や山崎貴監督の映画『三丁目の夕日』をはじめとして、昭和時代を舞台とした作品が次々と注目を浴びたことを受け、筆者は「昭和ブーム」と表現している。

新の化学薬品や機械の導入を積極的に行った。それまでの手漉きの風合い、気丈さ、まったりとした温かみのある黄みがかった生成り色の和紙は、新しい市場では「勝ち組」にはなり得ないという判断が下されたのだ。そして、新たな技術を導入した生産者、紙漉き業をやめた者、頑固にそれまでの技術を踏襲する者など、それぞれの道を歩むことになった。その結果、昭和三〇年代には岐阜県内に一〇〇〇戸あった美濃和紙の生産者数はまたたく間に激減し、一九八二年（昭和五七年）にはわずか六六戸となってしまったのである(3)。

問題は、生産者数の激減だけではない。機械漉きの紙や石油化学製品との競合によってもたらされたものは簡単には取り戻せない。それは、薬品の多用から来る紙質の劣化、そして手漉き紙を含む紙全体の市場における価格破壊であった。安価で大量に輸入される洋紙に値段と量で対抗したため、紙そのものの質は置き去りにされてしまったのである。

一度落ちてしまった社会における相対的な価値を、そっくりそのままかつてのように戻すことはほとんど不可能に近い。とくに紙の場合は、美濃にかぎらず全国的に同じようなことが起きていた。

自分が生きる時代、その社会のなかで最善を尽くし、明日はいかに生きるかということを考える。美濃紙の生産者らは、洋紙の出現、機械化の波、化学薬品の導入などの多くの場面で選択を迫られ、そのときに考えうる最良の道を選んできたにちがいない。その選択の一つが薬品の活用だったのだろうし、それが理由で手間のかかる雁皮紙の生産中止となったのだろうから責め立てるつもりはまったくない。なぜなら、どの道が最良だったかなどはそのときに分かるものではないし、一年後であれ数十年後であれ、誰にも判断できることではないからだ。

ただ、今言えることは、手漉き和紙の職人が激減し、古代より長く続いてきた手漉き和紙の高い技術が失われようとしていることである。しかしながら一方では、近年、幾人かの若者が和紙職人を志し、美濃に集結して和紙の生産をはじめている。そして彼らは、一度下がるところまで下がった紙の価値を取り戻そうと、必死で技を磨き、原料と製法にこだわり抜いた美濃和紙を生み出しているのだ。

とはいえ、これは決して簡単なことではない。なぜなら、既存の概念を打ち破るだけの説得力のある技術を身に着けなければならないことに加えて、社会の価値観を変えていかなければならないからである。古来の技術を先人から受け継ぎつつ、先の人のつくり上げた概念を崩して新しい価値観を生み出していく。彼らは、その作業を同時並行して今日も続けているのである。

（3）澤村守編『美濃紙　その歴史と展開』五三三ページ参照。この数値は、岐阜県全体の戸数であるため、美濃地方での産紙戸数はもっと少なくなっていたのだと予想される。

水うちわ生産中止のファクター②――絵師の不在

雁皮紙の生産が途絶えたことに加えて、それまで住井商店が水うちわの絵柄を依頼していた絵師が亡くなったことも生産中止の一つの大きな原因となった。

岐阜の伝統工芸品である岐阜提灯の特徴は、明かりのなかに美しく映える鮮やかな提灯絵である。その絵付けに携わる絵師が、高い技術を伝えていた。岐阜提灯の最大の魅力である彩色豊かな美しい絵を表現するためには、地紙が薄いだけに高度な技と経験を必要とする。江戸時代に誕生し、明治には勅使河原直次郎によって高級化が図られた岐阜提灯。岐阜の手刷りの絵師たちは、薄い紙への絵付けに関して長い時間をかけて高い技を身につけていた。そして、住井商店は、そうした熟練の絵師に絵付けを依頼していたのである。

住井商店でつくられる岐阜うちわとしては、水うちわのほかに「渋うちわ」と「漆塗りうちわ」があるが、それらは最終的に漆や渋で上から面をコーティングして仕上げるため、二色刷りがメーンであり、先代より伝承されている型を使って絵付けをしている。ゆえに、それらはシンプルなデザインとなる。水うちわがこのような岐阜うちわのデザイン的な限界を超えることができたのは、漆や渋の代わりにニスを上から塗ることで耐久性を保ちつつ美しい絵柄を表現することができたからである。つまり、多色で繊細な絵は、水うちわにとってほかのものと差別化する大きなアイデンティティと言えるのだ。

住井商店が絵師に絵付けを注文した最後の記録は一九七四年（昭和四九年）である。絵付けが済んだ紙の在庫を頼りにそれ以降も水うちわの生産は続けていたが、次第にその生産量は減少していった。そして、漆塗りうちわや渋うちわとともに水うちわが店頭に並ぶ光景を目にすることは、販売スペースの一番奥にそっと置かれた小さな「豆水うちわ」を除いて皆無となった。

長良川を基点とした一連の産業構造がある。竹材、美濃和紙などの資材が水運によって運ばれてくる物流の拠点である岐阜。そこには、それらによって形づくられるものがあり、人々の生活がある。その地域が含有するあらゆる要素が目に見える形で連動し、循環する。水うちわも、かつてはこの輪のなかにあった。

水うちわのあと……

生産が途絶えた水うちわであるが、住井商店は変わらず岐阜の土産物として漆塗りうちわや渋うちわをつくって販売を続けていった。

「生き字引きみたいな人でね。よく、人が尋ねていたよ」

住井商店の近所に住む人が言った。こうして広く付き合いを重ねながらも、懇々とうちわづくりに打ち込む冨弥の姿が目に浮かぶ。

さて、彼が継ぎ伝えてきた住井商店のメイン商品である漆塗りうちわの作業工程は、竹骨の製作を除いても全部で三〇ほどある。まず、骨を整えることからはじまる。骨は、柄となる部分を残して細かく縦に割かれ、割いた竹は地紙が張れるように広げられている。割かれた一本一本の骨のケバをていねいに取り除いたあと、細い骨が均等になるように整えていく（八六ページ写真①）。骨揃えの作業は最終的なうちわの見栄えを大きく左右するため、地道な作業ではあるが細かいところまで気を配って進められていく。これを「骨をためす」と言う。

次は「紙張り」である。まず、糊を骨の根元部分に刷毛を使って叩き乗せる。そして、まだ長方形の形をとどめた地紙に、骨に使う糊よりも柔らかく薄めたものをまんべんなく塗る。糊が塗られた面に骨を置き、その上からさらに糊を刷毛塗りする（写真②）。そして、もう片方の地紙を上に乗せ、地紙、骨、地紙という三重構造が完成する。ここでポイントなのが、紙と骨をより密着させるように行う叩き刷毛での作業だ。骨の根元部分から頭の部分へ向けてトントントンと叩き上げていく（写真③）。そうしていくうちに地紙に骨の輪郭がしっかりと出てきて、糊を媒介として骨と紙が離れることなく接着したことになるのだ。こうして張られたものは、うちわの乾燥に使う干し竹に挿して乾かされる。

干しあがったうちわは「型抜き」の作業に入る。まだ地紙は長方形であり、骨も竹を割き広げたままの状態である。鉄製の型をうちわの扇部分に合わせ、型を木槌で上から叩いて余分な部分を打ち抜いていく（写真④）。思い切って型抜かれたうちわの輪郭は、きれいに丸みを帯びてようやくうちわらしい形に近づいた。そして、打ち抜いた際に生じたずれをハサミで整える。

次は、うちわの縁《ふち》を補強するために「縁まわし」が行われる。型抜きしたあと、露出した扇の断面をカバーするのである。ちょうど弓の部分と重ならないように、うちわの縁に糊を塗った縁紙で貼り付けていく。とても細かい作業である。縁が補強されたら、次は根元である。根元はちょうど竹の節にあたるため、紙がはがれてくる可能性がある。装飾と補強をかねる「山型」張りが行われる。山型は和紙をくり抜いたもので、完成したうちわの根元をよく見ないと気がつかないくらい、さり気なく取り付けられている小さな花飾りのようなものである。

そして、次に行われるのが「ドウサ引き」だ。ドウサとは膠《にかわ》と明礬《みょうばん》を煮立てたもので、にじみを防止するものである。古くから、日本画の画材の表面処理や工芸品の接着剤として利用されている。うちわでは塗料がにじまないためにこれを行い、地紙にぐつぐつと煮立てた熱いドウサを刷毛で手際よく塗っていく。ドウサを引いたものには「下地塗り」が待っている（写真⑤）。糊を混ぜた染料を、刷毛でうちわの地紙に二度塗りする。ムラなく色が乗るように、しっかりと押し付けながら塗りあげていく。下地塗りが終わったうちわは再び干し竹に挿し、乾燥させて最終工程の準備にとりかかるのだ（写真⑥）。

①

②

③

④

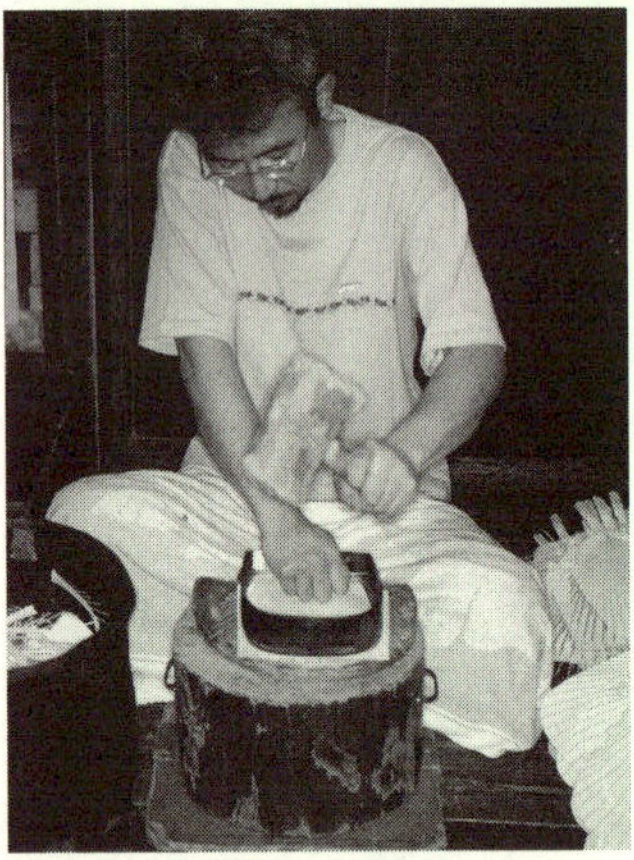

⑤

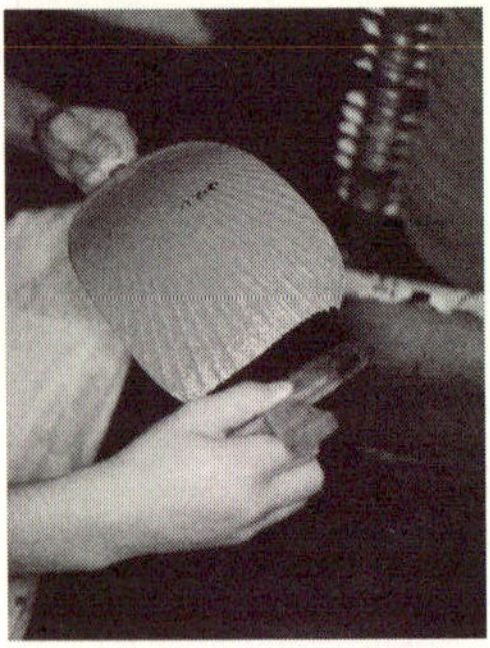

⑥

うちわづくりの作業工程（写真提供：岐阜市歴史博物館）

終盤の作業となる「上塗り」には、漆の代用となるカシューが用いられる。四〇年ほど前までは漆を使っていたのだが、値段が高騰して手に入りづらくなって以来、代用品としてカシューで仕上げるようになった。カシューは、身近にあるカシューナッツの樹木だと言えばすぐにイメージが沸くだろう。これは漆科の植物で、その樹液は漆の成分と類似しているために同じく美しい光沢をつけることができる。

こうして塗りを終了したうちわは、再び干し竹に挿されて乾燥させることになる。赤、黄、深緑など色とりどりのうちわが数多く縦に重なりあって乾かされるこの情景は、まさに夏の風物詩と言えるだろう。

これらの作業を、現在、一成と美津江の二人だけでこなしている。どの作業も身についた勘が必要である。一つ一つの細かい作業を間近に見て、職人とはなんて器用なんだと感嘆していると、「器用なんじゃなくて、慣れやって」と一成は言った。先祖代々受け継ぎ、彼自身の経験も長いために当然のようにスムーズに進んでいく作業も、うちわづくりをはじめた当初はそんなに簡単なものであるはずがない。それらは、日々繰り返して手に覚えこませるしかなかったはずだし、それによって一成が体得していく勘は彼の仕事を裏付けるものとなった。

かつての仕事とは、こうした個人の身にしみ込んだ感覚や技に負うものが多かったのではないだろうか。いまや、コンピュータのソフトを使う方法やマニュアルを習得すれば誰もができてしまう仕事が溢れているのだ。経験や勘よりも、頭に詰め込む知識に主眼が置かれているのだ。もちろん、すべてがそうだというわけではないし、個人の能力が大いに生かされるフィールドもたくさんあるだろう。しかし、ほんの些細な作業にしても、自らの手で自分にしかできない仕事をもち、それに誇りを感じることができていたのはもはや過去の話かもしれない。

手仕事のあり方

さて、こうした経験に裏打ちされた技術でもって繰り返されるこれらの作業を見ていると気が遠くなりそうだが、職人はただひたすら踏襲のみを続けているわけではない。一〇〇年以上も前から継承される伝統工芸品の製作には、もちろん繰り返し同じ作業を懇々《こんこん》と行うことが前提となるが、それと同時に新たな試みも行っているのだ。そう、伝統は、続けていくとともに新しくつくり出していくことも必要なのだ。

住井商店でも、これまでの歴史のなかにおいて当代がそれぞれ新しく考案したうちわがいくつかある。一九六九年（昭和四四年）、現在の「岐阜新聞」の前身である「岐阜日日新聞」に住井商店の新しい商品が紹介されている。それは、岐阜にゆかりのある松尾芭蕉の俳句を面《おもて》に施した渋うちわである。これには小判型うちわの面の縁が柿渋で色づけされており、その中央には、芭蕉の俳句が上下に流れるようにしたためられている。地紙の白と柿渋の茶色、そして和歌の墨色の三色の組み合わせで、素朴だが洗練された美しさが売りとなっている。

実は、このうちわは、住井商店のお向かいさんである老舗旅館「十八楼」の先代女将の伊藤久子さんが住井商店の冨次郎に提案をして生み出された渋うちわだという。面《おもて》に記されている松尾芭蕉の句、長良川や鵜飼の情緒溢れる風景を詠んだ三つを紹介しておこう。

此あたり　目に見ゆるものは　皆涼し
またたぐひ　長良の川の　鮎なます
おもしろう　やがてかなしき　鵜舟哉

市場の流行に乗るわけではないが、決して閉鎖的ではない。縁を大切にし、知恵を生かし、守るべきものを見極めながら変化にゆるやかに対応する。まさに、岐阜唯一のうちわ専門店としての役割をまっとうしている。新商品の乱発ではなく、長くつくられてきたものを基本としながらも新し

十八楼にある芭蕉の句碑

いものに挑戦する。冨次郎にとっての「芭蕉うちわ」は、一成にとっての「水うちわ」なのかもしれない。

脈々と受け継がれてきたものを自らが受け、そして次にわたしていくことはとても難しい。なぜなら、継承されて一見完結しているものであっても静止しているわけではなく、常に変化に富んだ社会のなかに息づいているからである。そうした条件のなかで継続するためには、「適切」な判断と「柔軟」な対応が迫られる場面が次々と出てくるのである。

それは、水うちわにとっても同じことである。瞬間的なメディア露出ではなくて、確実にかつ着実に水うちわのストーリーを伝え、実際に使い愛してもらえるようにつくる者から伝えるべきことがたくさんある。一成は、それを実感として知っているように思う。なぜなら彼は、店頭での販売に重きを置いているからである。職人がつくっている工房で商品を売る。そうすることで、つくる者と買う者の距離が近くなる。自分の使うものがどうやってつくられているのかという過程を知ることで、ものの成り立ちを実感として内にもつことができるのである。

現在は、身の周りにある商品があまりにもかけ離れたところでつくられているケースが多い。そうすると、誰がどのような想いをもってつくっているのかという生産者の顔が見えないばかりか、モノが実際につくられている状況をイメージすることさえできず、与えられたパッケージ商品を受け入れるという選択肢しかもつことができなくなる。

日本はとくに自然に恵まれ、身の周りにあらゆる自然素材が存在する。しかし、身近にある草花を愛でるよりも、ホームセンターに行きガーデニングキットを購入し、異状に肥えた土のなかでそれらを栽培して花を楽しむ人が増えている。なぜなら、事細かなインストラクションに従って決められた方法をとれば、迷いなく、悩み少なく期待した園芸を計画通り行うことができるからだ。

自然のものを自然として生活に取り入れる知恵がいつから廃《すた》れていったのかは定かでないが、手仕事のものづくりが立ちゆかなくなった背景には、こうした身近にあった自然資源が生活から離れ、商品としてマーケットに投入されるようになった過度の消費社会の出現があるように思われる。近年、「こだわり」の「希少性」の高いものが求められるようになったとはいえ、私たちが一度手にした大量生産、大量消費が基盤となる社会においては、一つずつ手でつくられる小ロット生産の工芸品はその存続が厳しくなるのは自明である。しかし、水うちわはこうした工芸品であるにもかかわらず需要がとても高い。

水うちわには、地域の人々だけではなくより広い範囲から熱い視線が注がれている。水うちわが、もし機械生産で安価に、そして大量に市場に投入され続けていたとしたら、今と同じように強く求める人が多かっただろうか。見た目が美しく、使い方にも一興があり、さらに昨今の昭和ブームにあやかって多くの人に好まれているのだろうが、決してそれだけではない、水うちわが今愛される理由が別にあるような気がする。ふと、そんな推測が頭をよぎった。

カネやモノの過度な消費、交換可能な使い捨て、一〇〇円均一——私たちには、便利で安価で大量にあることが現在のマーケットでは最優先にされているという認識と実質的な体感がある。それはおそらく、自分自身も同様な〝市場価値〟によってしか計ることができないのかもしれないという、足元が揺らぐような危機感に苛《さいな》まれる契機となっているのではないだろうか。そんななか、長良川という土地や岐阜に積もる歴史がなかったら存在し得なかった水うちわが目の前に現れた。それは、日本全国どこでも手に入るポリうちわとは決して違うし、インターネットショッピングのようにワンクリックしたら数日で配達されるような代物でもない。

便利で選択肢が多様なこの社会に生きる私たちは、その弊害に気がついたとしてもそれを否《ノー》とは言えないし、まさに恩恵を享受し、享受するためにこのシステムをつくり上げてきた張本人であることに間違いはない。しかし、心身ともに豊かに生き、そして生き継いでゆくために私たちに必要なものは、便利で多様な環境だけではなかったということに気がついたように思う。

手仕事を続ける一成が黙々とつくる水うちわ。原料も製法も、かつてのものを守り継ぐその姿を目の当たりにすることによって、これまで見過ごしてきたものに気づいてハッとさせられる。私たちは、水うちわを知り、それに愛着を深めるにつけてその地に足のついたものづくりの背景を見いだし、足元が揺らぎはじめている自らの補完に充《あ》てているのかもしれない。

さらに、水うちわの復活は、私たちにとって新しい試みとなり、これまでにない貴重な出会いや経験を提供してくれた。そして、こうした新しさを追求する一方で、これまで途絶えることなく一〇〇年以上も住井商店でつくられてきた漆塗りうちわのことやうちわを支えてきた数多くの人々、うちわが育った起因となる土地性、流れてきた膨大な時間など、うちわが成り立つために必要であったあらゆる要素の存在を知った。

手仕事とは、ものの成り立ちを教えてくれるだけではなくてものを取り囲む社会背景をも示してくれる。手仕事が消えるということは、それによってつくられるものがなくなるだけではなく、それに端を発して繰り返されてきた循環そのものがなくなるということなのだ。そんな循環の一片を担ってきた一成の母である美津江が、ポロポロと先代のころの話をしてくれるときがある。

一成の父である先代の冨弥に美津江が嫁いだのは一九五八年（昭和三三年）。一時期よりも、うちわの生産量が全体的に減少しつつあったときである。日本の民芸品が海外に多く輸出されていた昭和の前半、住井商店もサンフランシスコに向けてうちわを輸出していたのだが、この年が最後となった。

美津江は結婚して初めてうちわづくりに携わり、冨弥が五五歳で亡くなるまで二人でうちわ生産を行ってきた。冨弥亡き後、一成が継ぐまで一人でうちわをつくった時期もあったそうだ。

何十年もの間、うちわをつくり続ける彼女の手のひらはとても大きくてたくましい。私は彼女に会うたびに、どんなものでも温かく包み込むようなその手に注目してしまう。誰よりも長い間うちわと付き合ってきた彼女は、次のように淡々と語った。

「NHKの大河ドラマで『国盗り物語』が放送されてね、その舞台の岐阜がブームになったときはちょっとだけ販売が好調だったけど、平成に入ってからはずーっと減少傾向だよ、うん。民芸ブームが起こったとき、急にうちわの生産も増えたんだ」

時代のあらゆる変化を経験しながらも、変わらずうちわを愛してつくり続ける。それは、とても難しいことなのではないだろうか。

水うちわを持って商店を訪れる客と美津江（右）

六．水ちわでつながる

ものの成り立ちを、そして手仕事の重要性を教えてくれた水うちわ。教科書からでもなく、学校の先生でも親からでもなく、水うちわが教えてくれたことはかけがえのないことばかりであった。しかし、水うちわの潜在能力はもっと多岐にわたるに違いない。ぼんやりとではあるが、私のなかにある水うちわに対する大きな期待があった。その芽が出はじめたのは、水うちわを一つのきっかけとして、人と人、人と町とをつなげるイベントである「水うちわサロン」であった。

水うちわだけではなく、手づくりのうちわそのものも需要が減り、とくに国内での生産はうちわのあらゆる産地において年々先細りとなっている。だからといって、私はうちわを日本の伝統工芸品であるという理由だけを取り出して残していくべきだと思っているわけではない。うちわは日本の夏の生活を彩る文化的道具であり、納涼を楽しむことにとどまらず、人と人、人と町とをつなげるツールとして重要な役割を果たしうると考えたのだ。

それはなぜか。夏場に、昼寝をする赤ちゃんをお母さんが優しく仰ぐ。浴衣にあわせてアクセサリーにと持ち出したうちわで隣にいる友達や恋人に風を送る。うちわを目にすると、そんな光景が目に浮かぶ。また、花火大会や夕涼みなどのときに浴衣で外出する際に手にするうちわ。いつもは急いで通り過ぎる町並みでも、うちわを扇ぎながらゆっくりと歩くといつもとは違う発見があるように思う。つまり、うちわを持つことは、身近すぎてそれまでは気が付かなかったことに目を向ける一つのきっかけになるのではないかと考えたのである。そう、うちわを使うという生活文化を大切にすることが重要なのではないだろうか、と。漠然としていたものの、この想定を、水うちわを使って場をつくり出すことで現実のものとしたかった。

水うちわサロン二〇〇五

そんな想いを形にするために開催したのが「水うちわサロン」であった。水うちわサロンは、東京在住の岐阜県出身者、もしくは地方に興味のある若者らの集団であるＧ－ｎｅｔ東京（一〇六ページにて詳述）の主催で行われた。

二〇〇五年七月、ちょうど水うちわの番組がＮＨＫで全国放送され、岐阜の水うちわの知名度が上がりつつあった。水うちわ復活プロジェクトの紹介に立ち上げたウェブページ(1)や住井商店のホームページ、水うちわに言及したブログなどへの閲覧数は日に日に増加し、認知度の高まりは一目瞭然だった。事実、住井商店も水うちわの販売に関する問い合わせの電話やメールに追われていた。

(1)「水うちわをめぐるたび」http://www.organ.jp/mizuuchiwa.html

私は、こうした水うちわに興味をもつ人たちとぜひ会ってみたいと思いはじめた。そして、岐阜ならではの珍しい水うちわのことはもちろんのこと、その誕生の経緯やそれを育んだ岐阜のこと、そして懇々と製作に励む職人のことを伝えたかった。なぜなら、もしテレビで取り上げられたことだけをきっかけとして水うちわに魅力を感じたとしたのなら、瞬間の興味関心で終わってしまうと感じたからだ。

視覚に訴え、心をつかむ道具として映像はもってこいである。音楽よりも、絵画よりも、文章よりも即効性があり、瞬時に衝撃を与えて人の感情を動かすことができる。だから、水うちわがテレビ番組のなかで取り上げられたことは喜ばしいことであった。ただ、映像による衝撃や感情の触れ幅が瞬間的には大きくても、テレビで提供される情報の絶対量は言うまでもなく多く、そして次から次へと流されるために一つの情報が視聴者の心にとどまる時間は相対的にみて長くないのではないかという、テレビというメディアに対するかねてからの懐疑心があった。

そこで、テレビで取り上げたことをきっかけとして、逆に実際に顔を突きあわせることのできる場を東京においてつくり出そうと考えたのである。なぜ、東京か。それは、日本においてもっとも情報や商品の流通量の多い都市で生活する人々に、水うちわのような「スロー」な工芸品の背景を知ってもらうということに私は大きな意義を感じたからであった。つまり、周りにあまりにも多くのものが溢れているため、一つのものと出会ってじっくりと向き合うところまでいかずに、新しい次なる商品に目を向けざるを得ないという場面がとくに東京という大都市では多々あるのではないだろうか考えたのである。

身近にあるもののルーツをもっとよく知ってもらいたい。些細なことではあるが、そうすることでモノに対する愛着が深まる。水うちわのことを、少しでも気に入ってくれた人々に、その裏にあるストーリーも伝えたいと思ったのだ。そうでないと、手に入れてしばらくしたら飽きてしまうような数多くの溢れるものの一つになってしまう。こんな想いから、水うちわサロンでは、日本のうちわや岐阜うちわの歴史、そしてうちわがつくられる工程や水うちわ復活のエピソードを簡単に紹介することにした。水うちわの裏側を知ることで、水うちわに向かう視線が少し特別なものになったら……という期待である。

こうしたイベントの想いを叶える重要なポイント、それは場所である。水うちわを持って歩くのにぴったりな場所が、果たして東京にあるのだろうか。浅草？　神楽坂？　上野？　いくつか見当をつけていたときに出会ったのが、東京きっての下町である台東区谷中の町だった。

東京にいながらも「田舎」の町を感じられる。「田舎」が「都市」と真逆の意味をもつとしたら、つまり田舎は近所付き合いの習慣が地域内に残り、互いの顔の見えるコミュニティが存在していることになる。新しい商業施設やビルよりも、古くからある建物やその場での生活を大事にして自然と調和のとれた生活をする。私の「田舎」の定義はこれくらいのものではあるが、谷中はまさにそれと一致する。つまり、東京都心に位置しながら雰囲気はまったく違う、ゆったりとした人々の生活の息づく地域であるのだ。この町でなら、必要以上に生き急がされる普段の生活からひと息ついて、水うちわという一つのものと向き合う時間をつくり出せるように感じたのだ。

谷中の町でいくつかポイントを抽出し、それらを結びつけるようなルートを用意した。準備とともに口コミ、ソーシャルネットワークサービス、ブログなどによる広報や告知もあわせて行ったが、水うちわがテレビ番組で取り上げられた直後であったからか反応はすこぶるよく、問い合わせ者数はイベントの定員を上回るほどであった。二度のイベントで募集した人数は合計五〇名ほどであり、用意できた水うちわの数がゆえに参加できなかった人もいたほどの盛況ぶりだった。

二〇〇五年七月二四日、第一回水うちわサロンの当日、水うちわを持って歩く集団が谷中の町を華やかにした。

集合場所は上野駅の公園口。そこから、休日の昼間で混みあった上野公園を通り抜け、東京藝術大学の横の歩道を上野桜木方面に数分歩いていく。正面に現れる信号のある交差点をわたったすぐ左側にある上野桜木会館が、「水うちわ座学会」の会場である。白っぽい塀に囲われた一軒家。小ぶりの門を入ると、手入れの行き届いた日本庭園の小さな空間に身を置くことになる。その先にある建物には、庭にへり出した縁側とその奥に続くお座敷があり、心地よい納涼の場をつくりだしている。

しっとりと浴衣を着こなす女性、若いカップル、伝統工芸に興味ある大学生、ベビーカーの赤ちゃんを連れた家族、甚平を着た粋な中年の男性など、老若男女のさまざまな参加者が集まった。イベントには、住井商店の先代が絵つけを済ませた雁皮紙《がんぴし》の在庫を使って、当代である一成が張った貴重な水うちわを用意した。緑、ピンク、山吹色の三色の豆水うちわで、金華山や鵜飼など岐阜を象徴するようなモチーフの絵柄が大半である。参加者には、そのなかから好きな色、柄を選んでもらった。穴があくほどそれぞれの水うちわを観察し、真剣に選んでいる参加者の姿を見て、なんだかとても嬉しくなった。

まずは、うちわの歴史やつくり方を、さまざまな種類のうちわの写真入りの図録や住井商店から拝借した製作工程を示すグッズを使って簡単に説明をする。その後、参加者同士の交流を兼ねて自己紹介を行った。ほとんどの参加者が、ＮＨＫの番組で水うちわのことを初めて知ったという。改めて、マスコミの力の大きさをしみじみと感じた。

そうこうしているうちに、灼熱の太陽が西に傾きはじめた。先刻はさすがに町歩きをするには暑すぎたが、そろそろ涼しくなってきたようである。私たちは、二つのグループに分かれて町へ繰り出した。案内人は、谷中に数年来居している平野彰秀さんと前田真哉さん。二人とも岐阜県の出身なのだが、偶然にも谷中が気に入り居住していたのだ。平野さんは、私に谷中を紹介してくれた人でもある。

真夏の日の夕方、普段入らないような小道を縫って下町をそぞろ歩いていく。それぞれの片手には水うちわがある。

「すみませーん。お水、いただけますか？」

木の桶を片手に練り歩く道中に水を乞う。日本画に魅せられて日本に移住したアラン・ウェストさんの画廊兼工房、この地域に惚れ込んで二〇代の女性が開店した手縫いの刺繍が売りの小さな「青空洋品店」、外国人観光客の人気ナンバーワン民宿「澤野屋」などを

水うちわを片手に町歩きをする

訪ね回っていく。町の人々は、快く桶にお水をいっぱい入れてくれる。いただいたお水に、その場でうちわを浸して扇いでみる。

「そのうちわ、水につけても大丈夫なんですか⁉」

「もしよかったら扇いでみます？」

訪ねる、尋ねる、そして触れ合う。何のつながりもない人と自然に交わる、そんなきっかけを水うちわは与えてくれた。

うちわを片手に練り歩く集団を不思議に思ったのか、声をかけてくる地元の人がいた。参加者の一人は、町歩きの前に開いた座学で知った水うちわの話を取り出してその人に説明をする。水うちわとその雑学を携えて、新たな出会いを期待する。水うちわのことを知らない人に、今度は伝える側となるのだ。

都心では、すれ違う人と挨拶を交わす機会がほとんどない。しかし、水うちわを持つことで、普通であればすれ違うだけの人たちと触れ合うことができる。メール、ブログ、ネット上のコミュニティ、気軽に気楽につなが

水うちわを水に浸す

ることができる今日の環境でもう会うことがないかもしれない人たちとの数え切れないほどの出会い。しかし、このように顔を突き合わす機会が一度でもあればその次につながるきっかけができたのかもしれない。

水うちわサロンでの出会いも、インターネット上での告知効果が大きかったからである。最初の出会いを大事にさえ思えばいくらでも結びつきをもつことができる現代、それを大事に思えるきっかけをつくりたいと考える私は、水うちわを主人公としたつながりづくりを実践していこうと思ったのだ。


うだるような暑い日にコンビニに入ると、冷気に体がキュウと痺れてたちまち涼しくなる。短時間で外の暑さを忘れることができるほどの〝完璧〟な密閉空間。その一方で、涼をとろうとうちわを取り出して隣にいる人も一緒に扇いであげる。

「ありがとう、涼し〜ぃ」

涼しさに関して言えば、うちわはクーラーにはとうていかなわない。しかし、会話が生まれて心がつながる。そんなきっかけが見つかる瞬間、一つの便利さを手放したときに見えてくるものがあるということを実感しつつあった。夏祭りとか花火大会のように特別な日だけではなく、ごく普通の日常の一日に水うちわを持って外へ出る。それによって、人や町との新しい出会いが生まれてくるのだ。

日没、ようやく涼しくなりかける。夕飯の食材を求めて地域の人で賑わう谷中銀座の商店街が一望できる夕焼けだんだんの階段のてっぺんで、夕日に向かって水うちわを掲げた。沈みつつある大きな太陽が、水うちわの向こうでまったりと輝いている。初めて眺める新しい光景、でもなんだか懐かしい。水うちわは、そんな気分を呼び起こしてくれる。主催者だけではなく参加者も、水うちわに「懐かしさ」と、それを持って歩くことによって馴染みあるはずの町を「新しく」感じてもらえたようであった。もちろん、谷中に訪れたことのない参加者も大勢いたが、彼らは東京の新しい顔を水うちわを通じて知ることになった。

私は、このイベントが単なる水うちわの、そして町歩きのイベントにとどまらなかったことを嬉しく感じると同時に、水うちわの生まれた岐阜で、同じような催しを岐阜に住んでいる人の参加で開催したいと考えるようになった。つまり、岐阜で水うちわを使うことの意味の大きさに気が付きはじめていたのである。

東京というところは、人も情報も集中する場所で、新しいことにチャレンジをしたり、さまざまな分野で活躍している人たちとの出会いがあったりと刺激が多く、学ぶ機会も至る所に転がっている。自分を試そう、より多くのことを吸収しようと、日本中からあらゆる人々がこの地に集まってくる。東京ならば、地方にある狭いコミュニティのしがらみもなく、「出る杭は打たれる」という文化もなく、自由な発想をもって何にでも挑戦できるように思えるからだ。もちろん、私もその一人であった。

しかし、振り返ってみれば、東京において消えては生まれる多種多様の情報や商品、そしてビジネスに目を奪われて、自分にとって大切なものがいったい何なのかを整理することができなくなっていた。それは、東京という特殊な都市のもつ力がゆえであって、絶えず何かを発信し続ける拠点としての魅力が求められているからであろう。

岐阜という地方都市の出身者である私が東京に居続けることの意味を問いはじめたのは、こうした東京のもつ「魅力」と大都市というフィールドを最大限に生かして自分を「成長」させるよりも、これほどまでに惹かれる水うちわを育んだ岐阜、と同時に自らの故郷である岐阜をじっくりと見つめるようになったからである。

この兆候は、決して一朝一夕のものではなく、人生の一つの転機となる就職活動をスタートしたころからすでに現れはじめていた。「東京にいながら岐阜のためにできること」を探して、東京在住の岐阜出身者によって「NPO法人G-net」の東京チームである「G-net東京」が二〇〇四年春につくられた。岐阜に拠点を置くG-netは、このころ、岐阜の町で岐阜の若者を育てる「ホンキ系インターンシップ」(2)の仕組みづくりや若者を育てるイベント「ビーンズフェスタ」（一〇九ページのコラム参照）などのプロジェクトを進めていた。一方、Ｇ－ｎｅｔ東京は、東京での岐阜にまつわる情報発信や、東京にいることをアドヴァンテージとして岐阜への働きかけができないかを模索していた。

最初に集まったメンバーは、東京在住の岐阜出身者や岐阜以外の地方都市の出身者で、地域づくりに興味のある学生や社会人など全部で一〇名ほどであった。毎週末、廃校を再利用してさまざまなＮＰＯ法人のオフィスを誘致している「みなとＮＰＯハウス」(3)の一室で、岐阜のためにできることがあるだろうか、地方と都市を結ぶロールモデルとなるような活動はできないだろうかと話し合い、毎年、何本かのイベントやワークショップを仕掛けた。

わざわざ東京に出てきたのにもかかわらず、東京の中心地である六本木で岐阜出身者が集い、

(2)　一週間から一か月、学生が企業で働くことを体験する既存の「社会体験型インターン」とは異なり、三か月以上の長期間、夏季、春季の休業期間を利用して週に四～五日のフルタイムで企業にコミットするインターン制度。Ｇ－ｎｅｔは、こうしたインターンシップ希望の学生と企業のマッチングから双方へのサポート支援も行っている。

(3)　東京都港区六本木に所在する施設で、廃校となった旧三河台中学校をＮＰＯの活動場所として区が提供している。現在、ＮＰＯやインキュベータ団体など、約三〇団体が入居して活動を行っている。（ＮＰＯ事業サポートセンターのホームページ参照。http://www.npo-support.jp）

岐阜の話をする。そして、イベントでは岐阜出身者を集めて輪を広げていく。メンバーは学生であったり社会人であったりと、もう一方の活動や生活をメインとしているのだが、週末のミーティングには必ず同じ顔が揃う。私は、そのメンバーの一人として水うちわについての情報発信を東京で行い、岐阜のカルチャーをより多くの人に伝えたいと思っていた。もちろん、水うちわサロンについてもG－net東京の仲間がいたからできたことだった。なぜなら、胸を張って、自信をもって「水うちわが生まれた岐阜は素晴らしい」と言える環境と、一緒に動いてくれる仲間がいたからだ。

二〇〇五年の夏に行った二度の水うちわサロンを成功させたあとに、水うちわがつくられた岐阜に興味をもち、実際に足を運んでくれる東京の人はいないだろうかと企画をはじめたのが「岐阜をめぐる旅」というバスツアーであった。あれだけ多くの人が水うちわに魅力を感じてくれたのだから、機会があれば、それが生まれた地である岐阜に行ってみたいと思うのではないだろうかと考えたのである。

ツアーでは、毎年一〇月初旬に織田信長を祭り岐阜市で行われる「ぎふ信長まつり」と、二〇〇五年より信長まつりと共同開催になったG－net主催の「ビーンズフェスタ」への参加に加え、水うちわをつくる住井商店への訪問や川原町散策を盛り込んだ。G－net東京のメンバーでバス一台をレンタルして「岐阜をめぐる旅」をスタートさせた。

◆ ぎふ信長まつり ◆

岐阜市を代表するお祭りの一つで、毎年10月の第1土曜日、日曜日の2日間に分けて開催される。信長公騎馬武者行列、火縄銃三段撃ち、音楽隊パレード、市民勝手カーニバルなどの催しが開催される。武者行列では、信長と濃姫役として衣装を着けた市民が街中を練り歩き、商店街においてばったり遭遇することもある。信長が推進した「楽市楽座」も歩行者天国で行われ、岐阜ならではの食べ物などの出店も数多い。

◆ ビーンズフェスタ ◆

NPO法人G-netが2002年に立ち上げた、若者を中心とした有志によってつくられる祭りである。メイン会場は岐阜市金町にある金公園。岐阜特産のおいしい枝豆が格安で振る舞われるほか、さまざまな分野のアーティストによるパフォーマンスが繰り広げられる。個性豊かなクリエイターによるアートマーケット、子ども向けの実験体験コーナーなども企画され、家族でも楽しめる祭りとなっている。特徴的なことと言えば、サテライト会場が何か所にも設置されており、金公園周辺だけではなくJR岐阜駅や柳ヶ瀬商店街内など、街全体に人が集まる仕掛けをつくり出していること。2005年からは「ぎふ信長まつり」と共催し、また地域の人々と実行委員会をつくり運営している。スタッフは、高校生から社会人まで幅広い年齢層のボランティアスタッフで構成されている。

町の文化の入り口――川原町との出会い

岐阜市内の観光スポットと言えば……鵜飼？　金華山？　歴史的な史跡散策か？　私なら、「川原町」と真っ先に答える。川原町とは、木の格子の温もりを残す家々が立ち並ぶ四〇〇メートルほどの通りを中心に据えた地域の通称である。古民家であれば、どれも一〇〇年以上の歴史をもつ建物ばかりである。

ツアーでは、そんな通りにある老舗旅館「十八楼」の別館に宿泊し、川原町を含む金華地区の町歩き、金華山への登山、そしてうちわ屋の住井商店への訪問など、岐阜ならではの観光コースを用意した。

「岐阜って、たくさんいいところがあるんで

十八楼の正面

す。でも、それを語る人があまりいないんですよね。この辺りの建物、そして自然にも物語があるんですよ」

十八楼の若女将である伊藤知子さんが、少し残念そうにこう語った。Ｇ－ｎｅｔの活動に惜しみなく協力をしてくださり、「岐阜をめぐる旅」の宿泊手配をしてくれた方だ。

川原町周辺で一番の観光名所と言えば長良川での鵜飼である。毎年、多くの鵜飼観光客が大型バスで乗り付けるが、観覧船の上で鵜飼と酒宴を楽しんだあとは、さあ、次は高山だ！　郡上だ！　と県内の北部にあたる観光スポットに向かって岐阜市をすぐに去ってしまう。一三〇〇年以上もの歴史のある鵜飼を楽しみに観光客がやって来るのは納得がいくが、鵜飼の文化を育んだ周辺の町をいっさい見ることなく立ち去るのでは、鵜飼を知ったということにはならないのではないかと思う。

雑誌やテレビ、そしてツアー会社が切り取って伝えるいわゆる観光スポットに触れるだけの旅行客をあてにしていては、町は決して継続していくことができない。観光収入を期待して観光のためにつくられた町は、そのブームが冷めたらいったいどうなるのか。人の生活から切り離されたテーマパークという町に継続的に人を呼ぶためには、ディズニーランドのように莫大な投資をして、常に多様なイベントを開催して集客するしかない。

そうではない形の旅。愛着をもって住んでいる町を地元の人の視点で紹介する。じっくりと町を楽しんでもらえるように、マスメディアによる情報では得られない地元のストーリーをもっと知ってもらいたい。この思いを実現するために、今回のツアーでは、普段は通り過ぎてしまうような場所に潜んでいる逸話を巧みに語ってくれる岐阜市内の私立鶯谷高校の安元彦心先生にツアーガイドをお願いし、町歩きを行った。

ツアー参加者が泊まっていた「十八楼別館」をスタートとし、まずは川原町のメインストリートを散策した。住井商店はもちろんのこと、二軒隣の「玉井屋」さんにもお邪魔する。この道沿いでは、左右どちらを向いても築一〇〇年級の町家がほとんどだから、とくに説明を聞かなくても十分に楽しんで歩くことができる……と思っていたが、安元先生の説明にかかると知っているはずの町も知らない顔を見せてくれる。

「こんにちは！」

お店をやっている雰囲気もない、一見普通の家屋であるお宅の前で彼は歩みを止め、大きな声で奥にいるだろう家主に向かって挨拶をした。すると、すぐに七〇代くらいの小柄な女性が奥まった廊下から顔を見せた。安元先生が「玄関口を見せてください」とお願いをすると、町歩き集団の私たちの顔をチラッと見てから、土間に置いてある自転車を隅に寄せてくれた。

「これ、分かるかな？」

◆ 岐阜大仏 ◆

岐阜大仏は、金華地区の山側である伊奈波界隈と川側の川原町にはさまれた大仏町にある正法寺に安置されている。お堂の高さは25.15m、周囲は19.39m、仏像は坐像で、高さが13.7mである。3.6mもの長さの顔に、耳の長さは2.1m、鼻の高さは0.4m。乾漆仏としては日本一の大仏で、天保3年4月（1832年）に38年もの歳月を費やして造られた。

大イチョウを柱として、骨格は木材で組まれ、外部は竹で籠のように編んである（別名、「籠大仏」とも呼ばれて親しまれている）。その上から粘土を塗り、一切経、阿弥陀経、法華経、観音経などの経典が写された和紙が貼られているという、とてもありがたい構造である。和紙の上から漆を施し、金箔で仕上げてある。

この頃、大地震、大飢饉などで多くの人が命を落としていたため、災霊祈願のために正法寺の第11代となる惟中和尚が建立を決めたが、惟中和尚は建立の半ばにして亡くなり、その遺志を継いで第12代の肯宗和尚が完成させた。

大仏の表情はとても穏やかで、拝む者のほうを見ているかのように少しうつむいて微笑んでいる。一歩お堂に入ると巨大な大仏が正面に座って待っており、日々の生活に疲れたときに訪れると、心が落ち着く雰囲気をもっている。

拝観料は大人150円、子ども100円。拝観時間は午前9時から午後5時まで。（正法寺ホームページ参照　http://www.gifu-daibutsu.com/）

「レールみたいなものの跡かしら？」

　土間には、一メートルほど間隔を開けて二本のレールのようなものが敷かれている。

「ここはかつて、船で物資を運びこんでいた川湊だったんです。だからそれぞれのお宅に、船をここまで引き揚げることができるように、こういった工夫がされていたんですね」

　安元先生の説明に、みんなは納得！　なぜなら、町歩きをはじめる前に、この周辺には紙や材木などの問屋として使われていた蔵が数多くあることを聞いていたからだ。たくさんの問屋が潤うだけの資材が一体この町にどうやって集まってきたのかと、実は不思議に思っていたのである。

　町を歩いているだけでは分からないことを、安元先生に紹介してもらうことができた。こうしたかつての日常の跡は、当時の生活を知らない私たちにとって「新しい発見」となる。

　いつもの川原町がどんどん深みを増していった。私たちは、意気揚々と岐阜大仏のある正法寺を目指した。巨大な大仏様、初めて訪れる人は、「こんな町の真ん中、しかも屋内に大仏が！」と必ず驚いてくれる。夏でも空気のひんやりとした大仏殿に入ると、やわらかい表情の大仏が下にいる私たちのほうを向いて座っている。

「やさしい顔しているね」と、ツアー参加者の女子大学生が言うと、

「大仏とか、大きな建造物はね、しばしばその時世での権力の象徴として建てられたんだよ。

だけど、岐阜大仏は、飢饉や災害などが起きてたくさんの人が亡くなってしまったから、そうした被害でこれ以上人々が苦しまなくてもいいようにって願いを込めてつくられたありがたい大仏なんだよ」と、安元先生が説明してくれた。

これを聞いて、私の大仏への愛着がさらに深まるのを感じた。

さて、ツアーの目玉として用意したのは「水うちわ船」であった。東京では町を歩きながら水うちわを使ってみる「水うちわサロン」を開催したわけだが、今回は岐阜ならではの水うちわの楽しみ方を体験してもらおうと考えた。この水うちわ船は、復活プロジェクトのメンバーとプロジェクトに大きくかかわってきた『ＯＲＧＡＮ』編集部のメンバーの協力のもとに行った。そして、東京からのツアー参加者だけではなく、ホームページや地域情報誌などを使って広く県内からも集客を行い、より多くの人に水うちわの楽しみ方を伝えようと試みたのである。

水うちわ船

二〇〇五年は水うちわ船を三回出航させているが、ツアーでの出航はその年の三回目のときであった。長良川を、長良橋のふもとから金華山の横を通って上流に上る遊覧船。船を貸し切り、実際に水うちわを川の上で使ってみようというイベントだ。

長良川の遊覧船は、夏場の夕方六時ごろから鵜飼見物のために乗船をするのが一般的で、それ以外に乗る機会はあまりない。それは、いかにももったいないことではないか……。水が透けて底がはっきりと見えるほど美しい川がそこにあり、船があり、そして水うちわがある。これらを一つにしたら、飛び切り贅沢な楽しみ方ができるだろう。きっと、かつては暑い日の納涼に、船の上でうちわを片手に川遊びを満喫していたに違いない。身近にありながら、楽しみきれていない資源がたくさんある。身近すぎるからこそ、目を向けるきっかけがなければ通り過ぎていたのかもしれない。当たり前にそこにある、岐阜ならではのものを掘り出してみたい。そう強く思うようになり、実現した企画である。

長良川の遊覧船は、毎年五月一五日からはじまる鵜飼見物以外にも貸切船として利用することができる。私たちは鵜飼がはじまる前の午後一時から三時の間に船を借り、「水うちわ船」を出航した。そして、二〇〇五年の最初の水うちわ船は、その年の三月から五月にかけて募集を行った「水うちわ絵コンテスト」の表彰式を兼ねていた。このコンテストは、水うちわをつくるために欠けていた雁皮紙《がんぴし》や仕上げに使うニスなどの材料は揃ったが、うちわ絵を施す絵師が見つかっていなかったために、コンテストを通してふさわしい人を探してみようという発想で開催したものであった。

◆ 長良川鵜飼 ◆

長良川で行われる鵜飼は、御料鵜飼として皇室に保護されている。その歴史は律令時代に遡り、鵜飼人（鵜匠）が宮廷直属の官吏として漁をしていたという記録が残っている。その後も、長良川の鵜飼は尾張徳川家の保護を受けて継続されたが、明治維新とともに保護をされなくなったため、鵜飼の存続が厳しくなった。しかし、古代より続く伝統漁法を残していくべきであると、明治23年、時の岐阜県知事が鵜匠に宮内庁職員の身分を与え、保護するように求めたのだ。それと同時に、長良川に3か所の御料場を設置し、御料鵜飼として絶えることなく鵜飼漁が行われるようになった。鵜匠は、正式には宮内庁式部職鵜匠という。鵜飼の管理・運営に関しては、岐阜市の外郭団体である岐阜市鵜飼観覧船事務所が行っている。
（http://www.kunaicho.go.jp/12/d12-07.html）

このコンテストの審査員を、住井商店の住井一成さん、鵜匠の山下純司さん、十八楼の若女将の伊藤知子さん、そして金華山のふもとにある画廊光芳堂の杉山道彦さんにお願いをした。直接うちわに関係のない人がほとんどであったが、それぞれの生業のなかで長良川や長良川周辺の金華地区と深いかかわりをもっているということを理由としてお願いをした。なぜなら、水うちわはうちわの関係者だけではなくもっと広く町全体で育まれてきたものであるし、復活した水うちわにもより多くの地元の人に愛してもらいたいと願っていたからである。

そもそも、水うちわ絵コンテストも含め、二〇〇五年の水うちわ生産は岐阜市スローライフ委員会のバックアップがあったことであらゆる側面において広がりを見せていった。コンテス

◆ 水うちわ絵コンテスト ◆

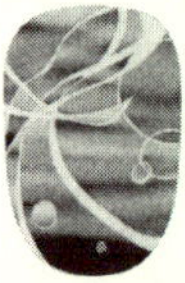

最優秀賞作品

水うちわの面絵《おもてえ》を募集したコンテスト。募集期間は2005年3月15日から5月13日までで、岐阜市スローライフ推進事業の助成事業として開催した。このコンテストは、絵師を探すという意味とともに水うちわをより多くの人に知ってもらおうと行ったもので、岐阜のみならず全国的に広報活動を行い、各地から作品が集まった。四人の審査員がそれぞれ最高得点をつけたものを「審査員特別賞」として四作品が選ばれ、最優秀賞には岐阜市出身の熊田朋恵さんの作品『鵜飼』が選ばれた。入賞作品は実際に水うちわとなり、入賞者と審査員にそれぞれ贈呈された。このコンテストの告知と結果報告が広く県内外に知らされ、水うちわの認知度を上げるきっかけともなった。

（http://www.organ.jp/contest.html　参照）

コンテスト審査員。鵜飼観覧船にて

トをきっかけとして、水うちわのストーリーを伝えるためのホームページを立ち上げたり、一年目にはインクジェットプリンタで地道に行った印刷を、二年目は、岐阜提灯の絵付けの手法の一つであるシルクスクリーン印刷や和紙専用のプリンタでのより美しい印刷の可能性を見ることができた。小さなきっかけで進み出した水うちわ復活プロジェクトは、こうしたサポートを幸運にも受けることができたと言えるし、逆に言うと、こうした活動を私たち若者ができる土壌をすでにつくり上げてきた人々がいたわけである。

さて、水うちわ船への乗船にあたっては、乗船客に水うちわを買ってもらい、船上で川の水にうちわを浸して使ってもらおうと考えた。しかし、それだけではちょっと物足りない。せっかく長良川で船遊びを楽しんでもらうのだから、岐阜ならではの要素を取り入れたおもてなしができないだろうか。そこで、乗船中に岐阜の和菓子を味わってもらうことにした。私たちは、長良川の鮎を模《かたど》ったカステラ生地に求肥《ぎゅうひ》を包んだ生菓子「登り鮎」と、ポリポリ歯ごたえがよく甘さ控えめの干菓子《ひがし》「やき鮎」を用意した。

岐阜市の老舗和菓子屋である「玉井屋本舗」は、鵜飼乗船場から歩いてすぐの川原町にあり、玉井屋の代表的かつ岐阜の銘菓でもあるこの二種類の菓子を生産、販売している。岐阜市内に住む人であれば必ず食べたことがあるだろう。しかし、鮎にちなむ岐阜生まれの菓子であるということ以外には、とくに何も知らなかった。

水うちわ船のために鮎菓子を買いに玉井屋に出かけた私たちは、主人である玉井博祐さんにさまざまなことを教わった。たとえば、登り鮎は、一九〇八年（明治四一年）より開始され、四年に一度日本中の菓子が集められて審査される全国菓子大博覧会にて「有功大賞」を受賞した全国的にも著名なものであること。そして、登り鮎の口元に傷のような跡がつけてあるが、それは鵜飼によって鵜が獲った鮎であることを示す印であるということなどである。

「長良川の鮎」と一言でいっても、鵜飼の際に鵜が捕った鮎がもっとも高い値がつくそうだ。それもそのはずで、鵜飼がはじまってその年に初めて捕れた鮎は、まず最初に皇室に献上されている。つまり、そのように価値のある鮎を模したものが「登り鮎」なのである。幼少のころからおやつに食べていたこの鮎菓子に、こんなエピソードがあったとは……。

また、これらの菓子を水うちわ船で提供するために、私たちは「モロブタ」という器をお借りした。横の長さが三〇センチ、縦が一五センチ、器の深さが五〜七センチほどで、杉の木でできた容器である。一体、モロブタとはなんだろう。店頭では、菓子箱代わりにモロブタに入った「登り鮎」の詰め合わせも販売されているから、その名前と実物を目にしたことは何度もあったが、実際にそれが何なのかを気にしたことがなかった。

身近なものなのに、その由縁を知らないなんて……。私たちは、早速玉井さんにうかがった。

モロブタとは、鵜飼で獲れた鮎を鵜の口から出すときに、鵜の口から吐き出させた魚を受ける容器であるという。鮎菓子は鮎をモチーフとしたものであるから、それをモロブタに入れることで、単なる鮎の菓子ではなくて長良川の鵜飼で捕れた鮎の菓子という特徴を出しているのである。

この話をうかがって、私たちは長良川上に浮かべる水うちわ船でモロブタを使う必然性を強く感じた。これはまさに、岐阜にしかない岐阜で生まれたストーリーなのである。だから、購入した鮎菓子をモロブタに入れて船上で提供することにした。これが、水うちわ船での私たちのこだわりだった。

さて、飲み物はどうしよう。缶やビン、ペットボトルは持ち運びには便利だが、それで

「登り鮎」を製造・販売する玉井屋本舗（2006年２月現在）

あれば岐阜ではなくてもどこでも手に入る。岐阜ならではのもの……そうだ、岐阜県の地場産業に美濃焼きがある。この美濃焼きの器でもってお茶を楽しんでいただこうと考えた。そして、すぐさま水うちわ船のお客様に喜んでもらえるようなふさわしい陶器の容器を探しはじめた。その結果、「汽車土瓶」に行きついた。そう、かつて駅のホームや汽車内にて販売をしていたお茶の容器である。現在でも、釜飯弁当などで同じような風合いの焼き物が使われているのでそれを想像してほしい。表面が茶色の陶器で、釉薬が塗り込められていない底や蓋の表部分は白っぽくて少しざらついている。丸みを帯びた、手に馴染みやすい質感で、ポットのように口が出ており、頭には小さなお猪口《ちょこ》が蓋代わりに乗っている。

美濃焼きは、岐阜県の北西に位置する多治見市や土岐市などで盛んにつくられている。日本全国で販売されている国内産の陶磁器のシェア一位、二位を争う焼き物の産地である。これらの地域では、町全体が陶器関連の仕事を営んでいるといっても過言ではない。今回、私たちは、そのなかでも土岐市で焼かれた汽車土瓶を使うことにした。いまや、あらゆるところでペットボトルや缶の飲み物が提供されているが、それらが台頭する前は陶器の土瓶でお茶が売られ、使用後はリサイクルされていたのだ。

船の中心に寄せた長机の上に、冷やしたお茶と氷の入った汽車土瓶とモロブタに盛り付けた

◆ 美濃焼き ◆

美濃焼の歴史は非常に古く、およそ1300年以上前にまで遡る。その源流は、朝鮮半島から伝えられた須恵器の技術である。美濃の土地には焼き物にふさわしい良質な粘土が豊富であったため、その技術が定着したと言われている。

平安時代になると須恵器から発展し、白瓷《しらし》と言われる、落ち葉などを燃やした灰を焼き物の上薬である釉薬に混ぜ合わせてつくる灰釉《かいゆう》を施した陶器が焼かれるようになる（須恵器には釉薬が塗られていない）。この頃から窯の数が増え、本格的な焼き物の生産地となっていった。

安土桃山時代から江戸時代初頭にかけては、茶の湯の流行も手伝ってお茶道具としての焼き物が生産されるようになり、さまざまな表情の焼き物が生み出された。そのなかでも画期的であったのが、茶人でもあり武将でもあった古田織部（1544～1615）による焼き物である。動植物、幾何学文様など、それまでになかった独創的な絵柄を取り入れたものである。もっとも知られているのは、青釉を使った青織部である。

江戸時代以降は、日常生活に使う陶磁器が主につくられるようになり、今では国内の和食器の60％ものシェアを占めている。近年は、既製品の生産だけではなく、破損した器をもう一度陶器として復活させるリサイクルの試みや、顧客の希望通りのオーダーメイドの器を生産するなどの取り組みが進められている。

青織部の器（写真提供：水野真孝／美濃焼きネット）

やき鮎菓子、そして小判型の水うちわを並べて参加者を待つ。浴衣を着て準備をする私たちスタッフは、セッティングが完成した船を見て胸が高鳴った。岐阜ならではの特別船を、きっと満喫してもらえるだろうという期待とともに。

集合時間近くになって乗船客が訪れだした。受付で受け取ったうちわに熱いまなざしを注いでいる。女性の乗船客は浴衣姿が多い。汗ばむ陽気、水うちわを手に川辺に佇む彼女らは、その場をたちまち華やかなものにしてくれる。ギラギラと輝く太陽が気温をぐんぐんと上げるころ、水うちわ船は出航した。船内の広さは十分とは言えないが、川からの涼風で蒸し暑さは少しも感じられない。

朝からの準備で気持ちが高まり、水うちわ船の出航に興奮する。暑さと熱さでほてった顔を、屋形船の屋根の下から川面の上に出す。顔面に受ける風は、けだるい真夏の蒸し暑さを忘れさせてくれた。そうして見えてきた風景は、透明な水に映る金華山の深く濃い影であった。

「ピーヒョロロー、ピーヒョロロー」

川に迫り聳える山の上でクルクル回る二羽のトンビが魚を探している。この辺りは、金華山が長良川にへりだしていると表現してもいいぐらい山と川が隣接していて、山に巣くう鳥も川で豊富にエサが捕れるので食っていくのに困らないようである。このトンビのように、川面をじっくり観察して獲物を狙っている鳥をしばしば見かける。

船から身を乗り出し、手を伸ばして川の水にうちわをつけてみる。水面を颯爽《さっそう》と走る船の上、水うちわを手にそれぞれがくつろぐ。たくさんの水うちわがユラユラと、それぞれのリズムを刻みながら揺れて舞う。川を少し上った山すその木陰で船を係留《けいりゅう》し、アコーディオン奏者による船上演奏がはじまった。穏やかに波打つ川上でのライヴ。うちわを扇ぐ手と体が音に合わせて自然と動く。

「すごく贅沢な大人の遊びだね」と、東京からの参加者が私に言った。透き通る澄んだ川の上で、風と音と季節を感じる。そんな空間が、ほかのどこにあるだろうか。

この長良川の水運により、川湊であった現在の川原町に運ばれてきた竹や和紙。そして、それらによってつくられるようになったうち

水うちわ船で水うちわを片手にくつろぐ参加者たち

わ。そのころの時代の人たちも、こんなふうに船に乗っていたのだろうか……。

主催者である私たちがこの水うちわ船を通して学んだこと、それは、生み出されたこの場所で水うちわを使い続けることの大切さである。もちろん、岐阜うちわの一つの種類である水うちわを岐阜に観光に来た人に知ってもらうことも重要であるし、東京でもニューヨークでも、この水うちわを手にできたらいいなと思う。しかし、一時的なブームではなく、継続することを考えれば考えるほど、岐阜でつくられ、使われてきたことの意味を考えさせられる。この地でつくり、愛され続けるために必要な環境をそろえていかなければならない。

必要な環境？　それは、水うちわの材料が手に入る自然や社会環境であり、水うちわを使うことのできる長良川の清流であるが、住井商店が店を続けてきた町そのものも必要不可欠なファクターであることに気が付きはじめた。とりわけ、「岐阜をめぐる旅」で見えてきた町の風景には、そこに住む人々が大切に守り続けてきたことが本当にたくさんある。何もしていなければ、岐阜市の川と山の両方を間近に望む一等地は、ファミリーレストランなどのチェーン店や大型スーパーをはじめとする巨大資本に飲み込まれていたはずだ。しかし、この町は、古くからの町並みがこんなにも美しい姿を保ち続けている。

私たちは、住井商店のある川原町を岐阜の文化の一つの入り口として知り、より愛着を深めつつあった。それと同時に、この町を守り、つくり上げてきた人々の存在を大きく認識しはじめていた。

長良川に包まれる場――ぎふ・あかり灯ウォーク

私たちは川原町のことを知る機会に恵まれ、町の継続を考えた活動を精力的に行っている人々との出会いを重ねていった。それは、町づくり団体を立ち上げる人であり、この町をフィールドとして研究をする大学教授であり、はたまた幼少のころからこの地に住み、歴史ある行事などを取り仕切る人であったりする。そうした出会いのなかで、私たちは長良川を拠点として、こうした人々がかかわって開催されているお祭りに出向くようになっていた。

「町づくり」と「祭り」は表裏一体といっても過言ではない。町があるから祭りがある。そして、祭りがあるから町のよさが再認識できる。そんな循環をまさに生み出そうとしているのが「ぎふ・あかり灯ウォーク」であった。

「はい、提灯をどうぞ」

長良川の南岸にある鵜飼観覧船の乗り場横にある待合所の正面にまん丸の提灯が数多く用意され、参加者に手わたされていく。提灯のなかの蝋燭《ろうそく》に火がくべられ、オレンジ色のやさしいあかりがほの暗くなりはじめた足元を穏やかに照らしだす。しっとりと、浴衣を着た女性らが提灯を片手にゆっくりと行く道を確かめながら歩みを進める。

「タ　タラン　タ　ヒューヒュー　タ　タラン　タ　ヒューヒュー」

竹の楽器で音を奏でる数人の演奏者が好き好きに川辺を歩き巡り、ときには立ち止まってその場に座り込み、懐かしいような温かい音を響かせている。その音楽が、しっとりとこの場所になじんでいる。彼らについて回る浴衣姿の子どもたち。そして、リズムを刻みながら彼らの演奏を見つめるお祭りの参加者ら。

長良川の右岸の歩行者道路である長良川プロムナードでは、水風船釣りや紙芝居、福笑

長良川河畔で開催されるあかり灯ウォークの様子（写真提供：古田菜穂子）

いなどの手づくりの小さな屋台がポツポツと並び、祭りのボランティアメンバーが道行く人に声をかけている。よくある祭りの屋台とは違ってとてもシンプルな遊びだけど、誰もが足を止めて穏やかな表情で遊んでいる。

金華山の頂上にある岐阜城がライトアップされ、山の東側には大きな満月が昇りはじめた。そして、私たちの持つ小ぶりな灯りが歩みにあわせてチラチラと揺れる。川上からは、鵜飼船が松明《たいまつ》を真っ赤に燃やしながらゆっくりと下り進んでくる。静かでやさしいあかりに灯されたお祭り、それが「ぎふ・あかり灯ウォーク」である。

これは、二〇〇二年八月から毎年夏に開催されはじめた比較的新しいお祭りだ。岐阜市が二〇〇二年より三年間の限定で立ち上げた「岐阜市スローライフ実行委員会」の企画イベントとしてスタートしたものだ。最初の三年間は、スローライフ実行委員会と岐阜の提灯・和紙関係者、建築家、デザイナー、学生などを含む有志の集まりである「あかり灯ウォークの会」の合同主催で行われた。どんな祭りでもそうであるが、立ち上げに必要なエネルギーというのは計り知れないものがある。あかり灯ウォークに関しても、企画から運営まで、岐阜市と、そして多くの市民の参画によってつくりあげられたものである。

スローライフ実行委員会が活動期限を終えたあとの二〇〇六年もこのあかり灯ウォークは引き続き開催され、岐阜市の長良川河畔のスローな祭りとして認知が深まりつつある。イベント内容は、前述したようにいたってシンプルなものである。岐阜の提灯を参加者みんなが手にして、川沿いの道を歩いていく。川の向こうには金華山があり、川では鵜飼のかがり火が力強く燃えている。そんな光景を、ゆっくりと味わうのだ。

「ずっと以前より、長良川で、あかり、伝統文化産業である和紙提灯にこだわった新たなお祭りをつくりたいと願っていました。私は、子どものころから毎日、長良川、金華山を見つめてきました。この場所は、私にとっての『Sense of Place』なのです[4]」

こう語るのは、ぎふ・あかり灯ウォークの生みの親である岐阜市出身のアートプロデューサー古田菜穂子さんである。

長良川流域には、一三〇〇年の歴史をもつ美濃和紙が象徴するように、恵まれた自然とそれを人の手で加工することによって生まれる「本物」の伝統文化があり、今も、その継承に尽力するあらゆるアクターによってそれらは続いている。それら「岐阜の宝物」を再発見する、つまりそうした資産をもう一度暮らしのなかに取り入れ、見直していきたいというのが古田さんの思いなのだ。それを実現するために、参加者一人ひとりが自らの手に「宝物」である行灯を持ち、そのほのかな灯りを頼りに手づくりの屋台で遊ぶ。これは、長良川河畔という場で、そして人々が行灯を携えてゆっくりと歩くというスタイルであることは、ごくシンプルなことなのだがそうでなければならない理由というのがそこにあるのだ。

彼女は、また次のように語る。

「この街ならではの景色、文化、歴史を今につなげる、シンプルで分かりやすい、持続可能なお祭り。美しくて、軽やかで、誰にでも参加できる、みんなが主役のお祭り」(5)

彼女が、ボランティアスタッフにかけた言葉が印象深い。

「ボランティアとはいっても、あなたたちも楽しむんだよ。みんながいいなって思えるお祭りに、みんなでしていこう」

「ボランティア」というと、「誰かのために何かする」というような奉仕精神を真っ先に思い浮かべるかもしれないが、この祭りはそうではなく、ある面ではスタッフたちも主役となって一番楽しむことができるのだ。

二〇〇六年、私はヨーヨー釣りの店をボランティアスタッフとして担当した。店の前を歩く人みんなが灯りを携え、子どもたちは浴衣を着せてもらってはしゃいでいる。少し汗ばむくらいの陽気が、すぐ横を流れる川からの冷風を感じるのにちょうどよい。ヨーヨー釣りに使う紙縒《こよ》りをつくりながら「ヨーヨー釣りはいかがですか～」と声をかける自分が、その場に溶け込

(4) Local homepage Winds! (http://www.windsnet.ne.jp/)「シリーズ田舎探訪 岐阜県岐阜市 市民で作るスローなイベント ぎふ・あかり灯ウォーク」より抜粋。
(5) 註(4)と同じ。

んでいくのを感じる。そこには、山と川と灯りと竹楽器の音と、そして祭りをつくるボランティアスタッフが在る。私は、その祭りを構成する一つの要素になった感覚を全身で味わうことができた。

街に溢れる商品化された娯楽によって、時間を費やし、笑いと感動を味わうことは日常に転がっているが、自分の存在が場をつくり出す一つのきっかけとなっているということを感じ、心が揺さぶられることはこれまでにほとんどなかった。これが、古田さんの言う「楽しむ」ことなのだと理解した。

このあかり灯ウォークには、先述したように和紙や提灯の関係者が多く協力をしている。岐阜の伝統産業として育まれてきた岐阜提灯。一八八九年（明治二二年）に創業し、提灯和紙の加工販売を続けてきた家田紙工の五代目である家田学さんも祭りを盛り立てる中心人物の一人である。実は、家田さんは、二〇〇五年の水うちわ生産に使った和紙を提供した紙問屋でもあった。もはや需要がほとんどなく、漉《す》くのに高い技術と手間のかかる雁皮紙を若手職人とともにつくりはじめ、それを水うちわに充《あ》てたのだ。古いけど新しい文化をつくり、つなげていくことにコミットをするという側面から言うと、水うちわに関しても、そしてあかり灯ウォークに関しても、家田さんは同じような役割を果たしているのではないだろうか。こうしたスタン

◆ 花合羽 ◆

花合羽とは、生花を包む紙として使われていたもので、油紙の一種である。油紙は和紙にエゴマ油などを塗り仕上げたもので、雨具として重宝されてきた。美濃和紙を原料としてつくる油紙は、油を塗ったあとに河原で天日干しされる。その風景は、岐阜の夏の風物詩にもなっていた。特に、花合羽は油紙にボタンやユリなどの花々を手刷りにて施したもので、河原をいっそう華やかなものにしていた。ところが、今では高齢の職人が一人しか残っておらず、その光景はもう見られなくなってしまった。現在、手づくりの和紙のこいのぼりの生産は続けている。

スを示しつつも、岐阜提灯という伝統的な産業は確実に受け伝えていること。その蓄積こそが地《ぢ》の文化となって重なっていく。

さて、数少ない美濃和紙の若手職人とともに新しい和紙の方向性を常に模索している家田紙工の工房があるのは、斉藤道三、織田信長時代において要所であった岐阜市の金華地区のちょうど真ん中に位置する岐阜市今町である。車で移動することが多い岐阜では知らない人も多いだろうが、岐阜公園のすぐ隣を通る長良橋通りを一歩住宅側に入ると、かつて京都の町を倣って整えられた金華山へつながる真っすぐな道と、それとほとんど垂直に交わる小道がめぐらされている。そんなところに位置する今町は、川湊として繁栄した川原町と隣り合っていることもあり、そこに運ばれてきた資材を扱う問屋など商売を営んでいた家が多かった。

家田さんは、そんな町に生まれ育った。「町のなかで手で提灯に絵をつける職人がいて、畳の上にゴロゴロと転がる提灯に一つ一つ絵をつけていた」様子や、「長良川の川原に、花合羽（コラム参照）が乾かすために敷き並べられている」情景がいつも隣にあったという。子どものころに見た彼にとっての「原風景」が大きく影響し、長良川が育んだ紙の文化を、そして流域の文化を守り続けていきたいと強く思うようになったのだ。

「職人はこんこんと同じことを繰り返しているが、それだけではなくて、続けていくためには新しいアイディアを取り込むことも必要なんだ」

家田さんは、和紙製品メーカーとして、製品製造の合理化をかぎりなく追求していった。手作業などで時間がかかっていたことを何とか機械化できないかと試行錯誤し、さまざまな方法を編み出してきた。しかし、それを続けていった結果たどり着いたところは、「紙とは何だろう」という問いかけであったという。機械紙については、すでにいくつもの企業がもっとも合理的な製紙方法を達成しており、今後の大きなところでの発展は見込めない。では、手漉き和紙に関してはどうなのか。今よりも、もっといいものはできないのだろうか。彼の視点は、機械化の追求のあとに究極の手漉き和紙の追求へと移っていった。

そんなときに家田さんが出会ったのが、美濃に集結した若手の手漉き和紙職人の五人である。彼らは「美濃和紙ネットワーク21」を立ち上げ、それぞれがそれぞれの特徴をもった和紙を漉いていた。書道用紙、透かしの和紙、より薄く丈夫な紙、日本画の要素を取り入れた書画紙など、紙を見ると彼らの個性が手に取るように分かるほどそれぞれの色が現れている。

家田さんは、「手を抜いて合理化すれば(6)」もっと安価で大量に紙を漉くことができると言う。しかし彼らは、「現在の市場からして値段がとても高い」と既存の和紙関係者から眉をひそめられつつも、昔からの方法を決して曲げずにもっとも高い質を追求して紙漉きを行っている。さらに家田さんは、幼いころの紙が傍にある原風景が自らのアイデンティティを形成する一要素であることを認識し、紙のあるべき立場というものを考えはじめたと言う。まさに、妥協しない若手職人らの活動に「教えられたことがいっぱいある」のだ。効率化、合理化の追求の先に家田さんが出会ったのが紙漉きの源流であり、深い歴史のなかで人の手をわたって連綿と続けられてきた手漉き和紙の文化であった。

このような、先人の積み上げてきた文化を残し伝えながらも新しい文化をつくり上げていきたいという想いから、また岐阜を愛する個人として「ぎふ・あかり灯ウォーク」に積極的にか

(6) 現在、市場で販売されている「手漉き和紙」でも、薬品を投入して原料処理を行うことや、ある工程では機械を利用するなどの合理化が進められている。しかし、美濃和紙ネットワーク21の職人らは、古代より美濃の地で行われてきた方法をとっている。化学薬品や機械を利用しないということはすべてが職人の手作業になるということであり、その分、効率化はできず生産量も落ちるのだが、紙自体の質は高くなる。

◆ 1／100ブランドと水うちわ ◆

家田紙工が2003年より立ち上げたブランドで、テーマは「Art meets Craft〜伝統的な美濃の手漉き和紙を使用ながら日本のおもかげを見つめ、どこにもない新たな和紙とあかりの表現に挑戦しつづけること」。あかり灯ウォークのプロデューサーである古田菜穂子さんが商品ディレクターを務める。2007年春より、「1/100brand」としての水うちわを全国のデパートやセレクトショップで販売を開始する。若手美濃和紙職人2人がユニットを組むコルソヤードと、丸亀の若手うちわ職人による商品で、絵付けには岐阜提灯の伝統的な手法を用いている。（http://www.iedashikou.com/utiwa.htmlにて販売店舗等掲載）

かわっているのである。

家田さん以外にも、岐阜の文化的な資源を継続することや、昔からそこにありながら認識されていない岐阜のよさを再発見しようと、それぞれのスタンスで「文化」づくりにかかわる人は少なくない。その地域をよりよくしていこうという想いは、それぞれ異なる。しかし、長良川や金華山のようなシンボルが一つの共通項となれば協力関係が生まれ、そこに強みを出し合うことができる。町の文化の創出は、かかわる一人ひとりの役割分担によってためされていくのであろう。

長良川という舞台装置
―長良川薪能

金華山の裾にかかる長良橋から長良川に沿って数百メートルほど北上した川原、というより川の上に巨大な能舞台が設置される。舞台は松明《たいまつ》の炎によって両端から照らされ、その光景は鵜飼が漁をまさに行おうとしているときのように幽玄かつ臨場感に溢れている。それもそのはずで、舞台両側の炎は鵜飼の鵜船が舳先に吊り下げる松明の火から移してきたもので、力強く燃え、川面に映ってあたりを照らしだしている。そして、舞台の背景には金華山が聳え、頂上には岐阜城がライトアップされて白く浮き上がっている。金華山の

長良川薪能の写真（写真提供：岐阜青年会議所）

東側からはまん丸の月が昇りはじめ、反対側の空にはチラチラと星が瞬いている。

この、自然に包まれた最高に贅沢な舞台において狂言と能が繰り広げられる。篠笛や鼓《つづみ》の音が山に反響して、川原に設置された客席に満遍なく跳ね返ってくる。目に飛び込んでくる役者たちの立ち姿は幻想的で美しく、目が離せない。

毎年、五〇〇〇人から六〇〇〇人ほどの観客が詰め掛ける長良川薪能。ただ、舞台が川と河原にわたって設置されるため、洪水や大雨で流されてしまって中止になることもしばしばあるという自然主導の伝統芸能である。この長良川薪能は、岐阜青年会議所(7)(JC)が今から二一年前の一九八六年に立ち上げた行事であるが、たった二〇年の歴史しかないとはとうてい思えないような威厳を漂わせている。

「まだ二〇年しかたってないんだけど、あたかも二〇〇年くらい前からあるもののように見せるんだよ」

JCで長良川薪能の立ち上げメンバーの一人であった石原忠幸さんは、そんな仕掛けを考案した。つまり、一つ一つの構成要素に歴史的裏づけや景観的な思慮を張り巡らせるのだ。すなわち、同時に存在するが、何もしなければバラバラになっている要素を拾い集めて全体的な文脈を再構成するわけだ。川と山を背景に舞台を造れば、この二つが舞台によって結ばれることになる。そして、そこに鵜飼の松明《たいまつ》からとる炎をくべれば、長良川と金華山という個性が浮き彫りにされるのだ。

「当時、岐阜には文化とかおもしろい祭りがまったくないと思ったんだ。（岐阜に引っ越してくる前に）自分が昔住んでいた所には普通にあったということもあって……。だから、つくってやろうと思った」

「学問的に、何かをやるというより、楽しくやっていたら人が集まってきたんだよ。今は、祭りもまちづくり活動だとかいうけど、身の丈に合わないことはできない」

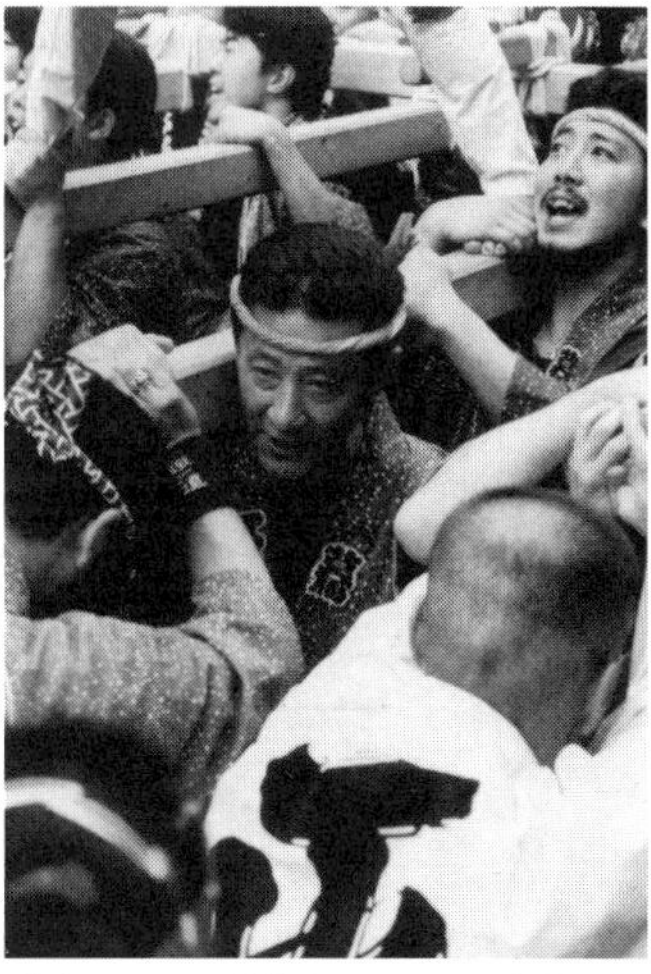
岐阜まつりで神輿をかつぐ石原忠幸さん

祭りという場があることで普段かかわり合いの少ない老若男女が集い、コミュニケーションが生まれる。近所の子どもを叱咤する年寄りがいて当然であった。しかし、この当たり前だったことがいつの間にかそうではなくなってしまった。石原さんは、幼少のころから「当たり前」のようにあった祭りによって達成されていた異なる世代間での交流や、町を上げて子どもを育

（7）岐阜青年会議所（JC）は、全国の青年会議所のなかでも早い一九四九年に設立され、自然、都市環境、産業の共存を目指して活動を行っている。

ていくというような「なくしてはいけないもの」が確実にあると言う。

近年、各地で新しい祭りが多く生み出されている。新しいといっても、それこそ二〇年ほどは時を経ているが、三年に一度の「越後・妻有トリエンナーレ」や北海道の「Ｙｏｓａｋｏｉソーラン祭り」など、全国的に名が知れわたっているものも少なくない。しかしそれらは、そもそもその土地で文化としてあったものではなかった。

祭りを興すことで、町を活性化するというもくろみはもちろんあるだろう。しかし、それだけではなく、住んでいる土地の地域コミュニティの結束が低下して日常的に人と触れ合う機会が少なくなり、当然のように、慣わしとしてそこにあったはずの行事が「しがらみ」という名で呼ばれるようになって形骸化していった現状を打破しようという想いがその背景にあるのではないだろうか。

祭りでつながるという一度は廃れてしまった関係性が、改めて大きなムーブメントとして各地で沸き起こっている。そして、ここ数年の潮流は、地域コミュニティでの動きというよりもテーマごとに分かれたものが多いため、その継続の難しさが今後議論されることになるのではないだろうか。というのは、その土地の気候や産業構造、生活習慣などに即した「地《ち》の」祭りこそが、年齢、性別、社会的立場を問わず受け入れられ、その地域で続いていくものなのではないかと思うのだ。

人やもの、情報などが地域や国を越えて自由に行き交う社会が来訪したことにより、対象に興味のあるもの同士が集うコミュニティが現実《リアル》と非現実《ヴァーチャル》という両方の世界で実現可能となった。それはもちろん、これまで出会うことのなかった新しい世界へのアクセシビリティが広がり、知識、教養の習得から知見の拡充、さらには問題解決への糸口の発見など計り知れないメリットを内包している。

こうしたメリットは短期的に得ることができて魅力的ではあるが、私たちが実際に生活するコミュニティは、インターネット上にも、同じ興味を抱く者同士が集まる「オフ会」のなかにもないし、瞬時につくり上げられるものでもない。

長良川周辺に住む人々は、季節ごとに移り変わる川の表情の美しさに心が満たされたり川魚を得ることができたりと、川からの恵みを受けつつも、洪水などの被害に遭うという土地の条件のもとでともに暮らして協力して生きてきた。川の恩恵を共有する祭りは、地域の人々の手によって、そこに川があったということをきっかけにしてはじまり続いていく。つまり祭りは、その地において行われることに必然性をもっていることで継続することができるのではないだろうか。

そういった側面から見ると「長良川薪能」や「ぎふ・あかり灯ウォーク」は、どちらも岐阜という土地柄にしっかりと根ざした催しであることが分かる。その土地がその土地である所以《ゆえん》、場が場としてつくられていく歴史的背景、そこに自分がいる理由さえを顕《あら》わにし、なくしてはいけないものをなくさないように、そして積み上げていくべきものを重ねていくためにこの時代に必要があって新しくつくられた「伝統」なのである。

これらの祭りに参加することで、私たちは岐阜でイベントや水うちわの復活プロジェクトを行うことの意味を考えさせられ、またそれらにかかわる多くの人々のさまざまな想いを共有することができ、自分のもつ経験以上の学びを得ているのは確かである。そして、それだけではなく直接的に教えられることも本当にたくさんある。たとえば、「ぎふ・あかり灯ウォーク」を切り開いた古田さんが私たち若者に伝えて止まないこと。それは、今に至るまでに想いを強くして動いてきた多くの人たちのことを忘れてはならないということである。

今、自分が想い、動くことができるのは、その地のことを考えてきた人々の意思が脈々と受け継がれているからであり、自分一人の力ではないということだ。私たちは、長良川周辺の町づくりに携わる人々との出会いを重ねるにつけ、古田さんの言葉をより深く理解しはじめたように思う。

水うちわサロン二〇〇六

長良川周辺で岐阜市の伝統工芸品である提灯を使った祭りの「ぎふ・あかり灯ウォーク」を体験したり、長良川や金華山といった自然資源と相まったこの地域ならではの芸能である長良川薪能を観覧した私は、岐阜で生まれた水うちわを使ってこの地でイベントを開くことの意味の大きさをさらに強く感じるようになっていた。

水うちわに興味をもった人に、水うちわが生まれた町を紹介したい。水うちわのルーツともいえる場を目にしてもらいたい。東京での水うちわサロンの経験から、岐阜においてもうちわをきっかけとして金華地区の情緒ある町や、町の人々と触れ合う機会を創出することができるのではないかと考えていた。そして、二〇〇六年七月二九日、ついにその想いを現実のものとした。

水うちわを生んだ川原町周辺の町で、蒲を中心とした「ORGAN」(8)のメンバーにおいて水うちわサロンを開催したのだ。東京でのイベントと同様に、水うちわの座学と参加者同士が交流するサロンと、水うちわを手にしての町歩きの二本立てとした。そして、サロンの場所としては、金華山麓に佇む老舗料亭「後楽荘」（コラム参照）をお借りした。

◆日本料理　「後楽荘」◆

かつては料亭旅館を営み、現在は料亭となっている。建物は、一番古い部分で明治時代のもので、同時代に造られた庭園も残っている。庭園のある個室からは金華山が一望できるという絶景。岐阜の町中にあるとは思えないような自然溢れる料亭である。

江戸時代最後の天皇である孝明天皇（1831～1867）の養子であった伏見宮貞愛親王《ふしみのみやさだなるしんのう》（1858～1923）が「後楽」と名づけた茶室もあり、料理はもちろんのこと、歴史をじっくりと味わいながら過ごすことのできる岐阜随一の料亭である。

毎週月曜日定休日、昼は11時半から午後2時まで、夜は午後5時から午後10時まで営業している。予約制。

後楽荘「燈くら」での水うちわ座学

参加者は総勢三〇名。何年も前から水うちわを手に入れたかったが、店頭で販売されていなかったため諦めかけていたという熱狂的な水うちわファンの人、地域情報誌に出した告知を見てすぐさま連絡をした人など、新たな出会いがたくさんあった。一人ずつ水うちわをわたすと、参加者は目をキラキラさせて、透き通るうちわに見入っている。この瞬間は、水うちわにかかわる者として一番嬉しいときである。

町歩きの案内人は、岐阜大学の地域科学部の助教授である富樫幸一先生と、岐阜市のまちづくりを推進する「財団法人岐阜市にぎわいまち公社」の野々村聖子さんにお願いした。この地域のことなら知らないことはないというくらい、本には書かれていないような知識や知恵をたくさん教えてくださる二人だ。

富樫先生は、かねてから岐阜市のまちづくりにかかわって活動をされており、川原町や金華

（8） 蒲は、二〇〇五年春にNPO法人G-netから独立して、デザイナーかつプロデューサーとして起業をしている。その際、フリーペーパー「ORGAN」をつくっていたメンバーで同名のまちづくり活動を行う若者集団を組織した。現在は、週一度のミーティングで、町での祭りなどのイベント運営や町の紹介パンフレット制作などを行っている。高校生から社会人まで、二〇名弱のメンバーが活動している。（第一章を参照。）また、二〇〇五年四月に岐阜にUターンした著者も、ORGANのメンバーとしてイベントの企画・運営などを行っている。

山のふもとの伊奈波界隈のまちづくり団体と協働している。町家の概観や軒数のリサーチを学生とともに行ったり、町歩きイベントを開催したりと活動は多岐にわたっている。一方の野々村さんは、職業柄、川原町のまちづくり活動などにコミットしたことを最初のきっかけとしているものの、今では仕事を抜きにして町の人々と個人的な親しい付き合いを続けられている。町を歩くと、彼女を知らない人は誰もいないかのように道行く人と話が弾む。

この地域に長年にわたってかかわり、活動を続けるこのような人々と接点をもちえたのは、この水うちわサロンがきっかけであった。彼らがこの町でどのような過程を経てきたのかはまだ具体的には認識していなかったが、その知識の膨大さと住民の方との関係性を観察していると、なるほど、町の隅々まで知り尽くしている二人であるということが分かった。うちわという一つの伝統工芸品を通して見えてくる町の全体像。かかわる人、進められるまちづくり、大切にされている町の景観や自然環境、そして生活文化……まだぼんやりとだけど、目に映るこの地域の輪郭が見えてきたのは確かである。

信長や道三が整え、発展を促した岐阜町に想いを馳せてそぞろ歩く。長い間住んでいても、いつもは見えない岐阜の一面に触れる機会である。自身も含めてこの町に生きる人々こそが、町のことやそこで育まれた水うちわのことを知り理解をし、愛するためのきっかけになればと思うのだ。

町歩き案内人の野々村さん

町歩き案内人の富樫先生

普段は入らないような小道へと案内人に誘導される。何十年もそこに立っていると思わせる年季の入った家の側壁。車の通ることのできない細い路地だ。

「みんな、ここでうしろを向いてごらん！」

富樫先生の一言で、水うちわを手にした浴衣集団はハッとして振り返る。すると、軒を連ねる建物の間から金華山がちょうど真正面に現れた。町のなかから見る金華山は、とても身近に、だけど威厳たっぷりに聳《そび》え立っていた。町のなかで、お気に入りの場所をまた新たに一つ見つけた。心がにんまりとする。

「ドンッ、ドンッ、ドンッ」

お腹にまで響く花火の音。もうすぐ、長良川の夏を代表する一大イベントである花火大会がはじまる。そう、今回の水うちわサロンは、岐阜市の長良川にもっとも多くの人が集まる花火大会の日に開催した。というのも、水うちわのことを知って、水うちわの生まれた町を歩き、愛着を深めた水うちわを手にして花火大会をいつもと少し違う気持ちで楽しんでもらいたかったのだ。

夕方、町歩きの終着点、鵜飼の乗船場付近はすでに花火大会にやって来たたくさんの人たちでごった返していた。水うちわサロンの終了と同時に、参加者はみな水うちわを手にして思い

町から望む金華山と岐阜城

思いの見物場所へと散らばっていった。水うちわをきっかけとして、岐阜の町で心に何かを刻んでもらうことができただろうか。

七．水うちわの向こうに見えるもの

〜長良川流域を創るひとびと〜

まちづくりの大先輩——川原町まちづくり会

岐阜市の郊外地域では、近年、巨大なモールのオープンが相次いでいる。ショップ、レストランだけではなく、映画館までもが併設された大型総合商業施設がほとんどだ。田畑がなくなって新興住宅街となり、大通り沿いにはチェーン店が立ち並ぶ。こうした「発展」は、岐阜市にかぎらず地方都市の郊外地域であればどこでも見られる光景であろう。古いものを守り続けるよりも、一度更地にして何もないところから新しいものを造るほうが技術も費用も、そして時間もかからないのだ。

このような巨大資本による進出が止まないなか、明治時代以来の多くの建物を守り続け、町並みとそこでの暮らしを大切にしている人々が川原町に多くいる。水うちわ船をきっかけとして出会った和菓子屋「玉井屋」の主人である玉井博祜《ひろこ》さんもその一人である。そして、岐阜唯一のうちわ専門商店である「住井商店」、一五〇年以上も前からその場で川を望む旅館「十八楼」、資材の中継地点として「逸材」が集まると言われる岐阜で銘木店を営んできた「櫻井銘木店」といった、川原町が川湊のある町として機能していたころから商売を続けてきた〟大御所〟らが軒を連ねている。

一方で、かつて紙問屋が使っていた巨大な蔵を改造して造られたカフェ「川原町屋」、和風モダンな建物でレストランとウェディングなどもプロデュースするイタリアンレストラン「ラ・ルーナ ピエーナ」、陶器やガラス、雑貨など選りすぐりの地元アーティストの作品を展示・販売している「ギャラリー元浜」など、川原町ではここ一〇年ほどの間に新しく店舗を構えたり転居をしてくる人が増えている。これは、決して偶然の出来事ではない。確実に、川原町の「町」としての魅力が大きくなっているからなのである。

このきっかけをつくっているのが、二〇〇一年に設立されたまちづくり団体「川原町まちづくり会」である。この川原町まちづくり会は、より住みやすく安全なまちづくりを進め、町並みを保存・整備してくために川原町を構成する四つの自治会(1)の住民たちによって創設された。「気持ちよく住むことのできる空間がいいでしょ。気持ちよく住んでいれば、よその人もそれを見て、来たいなと思える」

設立当初からまちづくり会の事務局長を務める玉井屋の玉井博祜さんは、和菓子のショーケースとお勘定場が並ぶ店頭から少し奥まった四畳ほどあるお座敷に私を招き入れて、川原町まちづくり会について語ってくれた。

(1) 湊町・上材木町・御手洗・鏡岩自治会、玉井町自治会、元浜町自治会、川畔町自治会、の四つである。

川原町まちづくり会をつくるきっかけとなったのは、長良川右岸の県道の付け替えや、長良川の治水を契機として一九九九年度に取り組みがはじまった「長良川プロムナード計画」[2]である。長良川プロムナード計画とは、「河畔をゆったりと散策できる河畔空間の整備計画を平成一一年度に国、県、市により立案し提案された構想」で、鵜飼観覧ゾーン、自然環境ふれあいゾーン、長良川眺望ゾーンなど合計七つの空間に区分けしたうえで、それぞれの特徴にあった空間づくりを進めるものである。

これまで都市形成、町づくりの政策と言えば、官から民へトップダウンで一方通行のものが大半を占めていたが、それでは住民の意見を汲み取ることができないままに進んでしまうことになる。玉井さんは、計画策定段階において、住む町やすぐそばを流れる長良川のことをどう思っているのかということについて、川の両岸に住む人たちを対象としてヒアリングを行った。住民から直接話を聞いたことをきっかけとして、住民参加によるボトムアップの政策が重要であることを玉井さんは認識したという。というのは、普段は表出しない住民の町に対する思いが話をするなかで次々と現れてきたからだ。その思いの強さは想像以上のものであり、もっと声を上げて住民が町の政策にかかわる必要性を感じたのである。そこで、まちづくり会では、設立初年度に川原町住民に対して、「川原町に住み続けたいか?」、「問題は何か?」、「誇りをどこにもっているのか?」など、具体的な項目を挙げてアンケートを開始した。人々の生の声を参考にして、まちづくり会を運営していこうと考えたのだ。

設立のきっかけが住民参加とボトムアップの政策の必要性であり、それを実際に実践してきた。こうした有志の団体においては、強力なキーパーソンがその信念のもとにグイグイと引っ張っていくリーダー主導型になることが多々あることを鑑みると、こうした住民参加型の運営方法は川原町まちづくり会の特徴となろう。

「自然にね……無理にまちづくりを、というわけではないの。季節ごとの行事を、さりげなくみんなで行うとかね」と、玉井さんは言う。

祝日には玄関先に日本の国旗がはためき、お正月には手づくりのお飾りが町並みを彩る。まちづくり会では、こうした当たり前の年中行事を会として実践している。当然のようで、実は近年減っているこうした習慣をもう一度町全体で実践していくことにしたのだ。

川原町まちづくり会のもう一つの大きな特徴として、「景観」への取り組みを積極的に行っていることが挙げられる。川原町の住民のうち、ここで商売をしているのは全体の一〇パーセ

（2）川原町まちづくり会をはじめとしたいくつかのまちづくり団体、旅館関係者、学識経験者による「長良川プロムナード計画関連まちづくり懇談会」と行政側組織による「長良川プロムナード事業推進協議会」により計画の具現化が図られている。（http://www.city.gifu.gifu.jp/look/Nagaragawa_Promenade参照）

ント足らずである。商売を営んでいれば、町の雰囲気を演出し、客を呼び込むために景観を整えることは必要不可欠となる。しかし、ここでは商売をしていない住民たちも景観形成に積極的にかかわった。

たとえば、川原町の中心通りが薄暗くて危険であることや活気が感じられないという意見がいくつか出てきたために、道沿いのすべての家屋の軒先に直径三〇センチほどの球状の門灯を統一して設置するというまちづくり会のアイデアが住民の同意を得たのだ。そしてさらに、昭和時代を連想させる円柱型の真っ赤でレトロなポストの設置や、エアコンの室外機への格子枠のカバーの取り付けなども町全体で進められた。

こうした一つ一つの小さな動きが積み重な

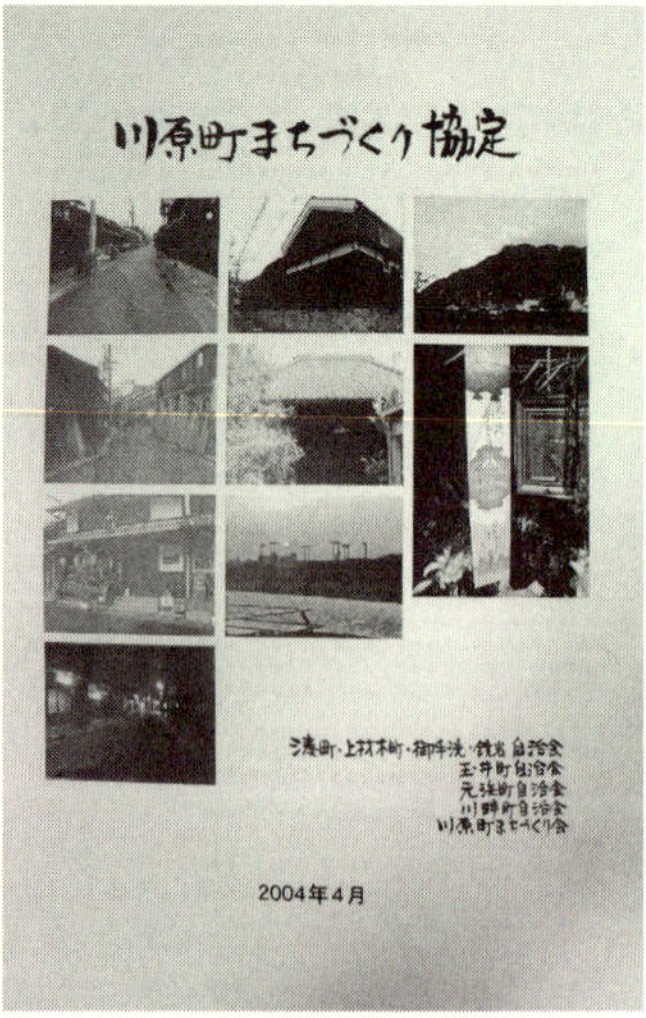

まちづくり協定

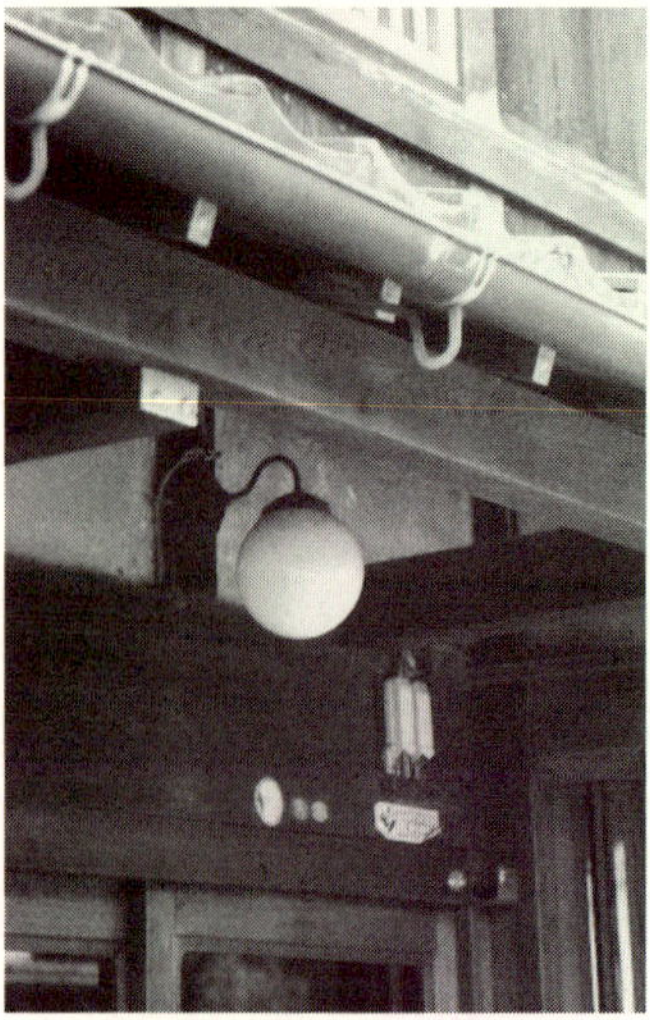
町中で統一した外灯

り、川原町まちづくり会では建物の高さや壁面の色などを統制して町並みを乱さないよう規制を敷く「川原町まちづくり協定」(3)を作成し、住民による紳士協定として合意を得ることができた。

協定作成には、住民はもちろんのこと、コンサルタントや岐阜大学の教授も参加した。住民が主体的に、川原町のメインストリートである玉井町筋に多く残る明治時代や江戸時代からの町家を守り、その景観を保持していこうという狙いのもとにつくられたこの協定には、観光客誘致のための家並保存という目的ではないが、先に挙げた建物の高さなど、かなり具体的な細則が共有されている。同じ岐阜県の高山市などのように観光を主な産業とする町であれば景観への配慮は当然であるが、川原町のように住民のほとんどが商売を営んでいないところでこうした協定が町全体で賛同を得られるということは奇跡的と言える。

当初、法的な強制力がないものの強い制約となって反対する人が出てくるのではないという

(3)「川原町まちづくり協定」とは、二〇〇四年四月、四つの自治会と川原町まちづくり会の合意のもと、「川原町にある家屋群の特徴を考えながら……さらにより一層よい町並みにしていくために、住民が主体的に作っていくことを目指して提案するもの」としてつくられた協定である。住民が心を一つにして、「安全で暮らしやすい住環境づくり」や、「地域相互の連携」、「自然環境と文化の調和がとれた住環境とまちなみ景観の保持」などを方針として掲げている。

不安もあった。それにもかかわらず合意の方向に向かったのは、専門家や官の立場からだけではなく、実際に生活している者同士が本音の意見交換をする過程で気持ちを一つにすることができ、そのうえで進めていくことができたからである。まさしく、協定作成までのまちづくり会での日々の活動が特別なこととしてではなく生活に根付いたものであり、日々「自然」に繰り返されてきたことを証明している。

現在、「川原町まちづくり協定」は岐阜市の条例として認定され、法的効力を備えている。民間主導でつくられたものが正式に岐阜市に認められる、まさに住民主導の政策提言である。このような「成功事例」をもった川原町は、二〇〇四年には国の「無電柱化推進

川原町の町並

のための地域合意形成手法」の調査地区として選出され、コンサルタントや中部電力などの企業、そしてまちづくり会などによるさまざまなアクターによって基本方針が策定された。今現在、電柱の地中化に向けてすでに工事がはじまっており、二〇〇八年には完成する予定だ。

川原町でまちづくり協定が施行されて現在に至るまで岐阜市役所の職員として川原町まちづくり会にコミットしてきた野々村聖子さんも、川原町のまちづくりの活動を後押ししてきた人物の一人である（水うちわサロンの案内人をお願いしたあとに、このことを知った）。彼女は、岐阜市役所の職員として岐阜市の景観整備課やまちづくり事業室などの部署を転々としながらも、ここ数年はずっと川原町のまちづくりと関係する仕事を遂行してきた。最初はまちづくりにはまったく興味はなかったようだが、仕事であっても続けていくほどその面白さと奥の深さ、そして人との温かいつながりにひかれ、今ではまちづくりに大変なやりがいをもってプライベートでも積極的にかかわっている。

その野々村さんの果たす役割と言えば、市役所とまちづくり会、そして自治体との結びつきをより強くするための仲介役である。市役所の職員として働きながら、同時に町の人と親しい付き合いをもっている。川原町のまちづくりを進めるにあたっては住民が主導をしていくわけだが、野々村さんのような、公《パブリック》で働きつつ人と人をつなぐ人物の存在も必要不可欠なものとなっている。とはいえ、彼女の果たす役割は、中心的というよりも交渉やさまざまな立ち位置にある人たちの意見交換をスムーズにする補佐的かつ中立的な立場であった。

さて、川原町まちづくり協定を完成させてから変わったことと言えば、岐阜市などの行政が川原町周辺のインフラ整備を行う際に、必ずその整備の是非に関してまちづくり会におうかがいを立ててくれるということである。住民を集めて意見を取り入れる機会を設け、住民が「ノー」と言えば強引に話を進めず、妥協策や改善策をともに練りこんでいくのである。まさに、住民が気持ちよく住むことのできる空間を自らの意見でもって実現することで、その地域に住む人だけではなく、外部の人たちにとっても愛着のわくエリアとなってきたのだ。それは、「少しずつ、このあたりを歩く人が増えましたね。以前は鵜飼乗り場だけに人が来て、ちょっと奥にある川原町まで覗く人はほとんどいなかったわ」と言う玉井さんの言葉によって実証されている。

現在、川原町は、地元の人々の夕涼み場として、鵜飼などへの観光客の散歩道として、または中高生の通学路としてなど日常的にさまざまな人が訪れている。完全な観光客受けを狙っているわけでもなく、かといって地元の人しか受け入れないという閉鎖性もない。誰が歩いてもほっとする空間となっている。

さて、こうした「両立」が川原町にとって非常に重要であることを強く感じているのが、今からおよそ一五〇年前に創業した老舗旅館「十八楼」の若女将である伊藤知子さんである。彼女は、ぎふ長良川温泉(4)を「名古屋の奥座敷」として、名古屋での仕事帰りに岐阜に足を伸ばして宿泊に訪れてもらいたいという思いと同時に、近隣に住む人々には気軽に日帰り温泉などを楽しんでもらいたいという内外両方からの客の受け入れを考えている。

バブル景気時代に、外からの観光客誘致を目指して人工的に生み出された温泉観光地は少なくない。それらの現状を見てみると、バブル時代に合わせて造られた巨大な宿泊施設や娯楽設備が閉鎖に追い込まれて、全体的に静まり返っている町もある。これは、ある特定の時代の流れに煽りを受けて極端なまでに人を受け入れていった結果であろう。しかし、バブル時代の弊害を受けたとしても、地域の人々がその地に愛着をもっていれば話は別となる。町が続いていくためには、観光客用の土産物屋や食事処を充実させるなど外から来る人々に対してのホスピタリティを高めるだけではなく、地域住民が「ここは住みやすい」と愛郷心が抱ける町づくりを進めていく必要がある。そうでなければ、常に外の資本に頼って町全体が左右されることになってしまうのだ。

（4）岐阜市に流れる長良川周辺の温泉地。湯は鉄分を多く含んでおり、赤褐色である。

（5）若女将会は、岐阜長良川温泉旅館協同組合に参加している九つの旅館（せいらん、ホテルパーク、きんか、十八楼、十八楼別館：代表者は十八楼と同一、岐阜都ホテル、石金、鵜匠の家すぎ山、岐阜グランドホテル）から女性（若女将がいる施設は若女将）が一名ずつ集まり、地元の有志一名を加えた総勢九名で活動をしている。

さて、旅館としての経営を守ることはもちろんのこと、岐阜市の歴史や文化の再発掘をし、街中にありながら奇跡的な美しさを保つ清流長良川のことをもっと地元の人に認識してもらいたいという思いから二〇〇五年八月に立ち上がった組織がある。それが「若女将会」(5)である。長良川の河畔にあるホテルや旅館が構成する「岐阜長良川温泉旅館協同組合」。その組合に加盟する宿泊施設からそれぞれ若女将や女性スタッフが集まり、「ぎふ長良川温泉」の発展や岐阜市文化の再発見などを目指して活動をはじめている。

十八楼発行の「十八楼物語」(2005年)

若女将会設立の裏には、鵜飼観光客の減少や、岐阜市の中心商店街の経済疲弊などによって「基礎体力が下がっている気がしてしょうがなかった」という危機感があったという。それは、岐阜の経済的な衰退だけではなくて、この土地に対する住民の愛着低下ともかかわっているのかもしれない。土地への愛着とは……伊藤さんの教えてくれた十八楼の歴史のなかに考えさせられる話があった。

一八六〇年、十八楼の前身である旅館「山本屋」の主人は、一七〇年あまりの歳月を経て人々に忘れ去られようとしていた『十八楼記』を伝え継いでいこうと心に決めた。『十八楼記』とは、江戸時代の高名な俳諧師である松尾芭蕉（一六四四〜一六九四）が、一六八八年に岐阜を訪れた際、金華山と長良川の自然の美しさと鵜飼の幻想的な風景に感激をして記したものである。

（前略）かの瀟湘《しょうそう》の八のながめ、西湖の十のさかひも(6)、涼風一味のうちにおもひこめたり、若し此楼に名をいはんとならば、十八楼ともいはんまほしや

このあたり目に見ゆるものは皆涼し

ちょうど現在の「十八楼」があるあたりから川を見わたした眺めが、当時有名であった中国の一八か所の景勝に劣らず大変美しいということから、この地を「十八楼」と名づけようという彼の感動が伝わる記である。歴史に名を残す俳諧人にこれほどまでの賛辞を受けたというこ

(6) 瀟湘とは、中国湖南省洞庭湖の南にある瀟水と湘水湘江の別称で、瀟湘八景とはこれらの付近にある八箇所の景勝の総称である。また、西湖とは中国浙江省杭州の西にある湖で、中国でも有数の絶景地である。その湖の一〇か所の名勝古跡を西湖十景という（岐阜観光ホテル十八楼「万延元年創業　十八楼物語」参照）。

とは、その土地に住む人の誇りとなる。しかし、この時点で芭蕉が『十八楼記』をもってこの地を称えてから一七〇年ほどが経ち、その誇りも薄れつつあったのだ。この地に住む者として、それは忘れてはならないことだ。

そこで、山本屋の主人は『十八楼記』にちなんで「十八楼」と自らの旅館を改名し、旅館の庭園に芭蕉の句碑を立てたのである。さらに彼は、それに加える形で長良川の情景を称える『三十四楼記』[7]を俳人に依頼して詠み上げてもらった。『三十四楼記』もまた、ほかの地域の三十四の景勝地と比して劣らぬ長良川の優美さを伝え称えるものであった。つまり、彼は歴史的人物の作品を再評価することで、町のブランドイメージを高めようと努めたのだ。

この土地を愛して動く、つまり「まちづくり」は今にはじまったことではない。実際に一五〇年以上も前にこのように川原町のもつ魅力を深めようとまちづくりをしていた人物がいたわけだし、その志を引き継いで「十八楼」は今に続いている。多くの先人が思いを重ね、つくり上げてきた今の川原町に愛着を感じて町のために何かをしたいという衝動に駆られるのは、そうした長い歴史の蓄積があるからではないだろうか。こうした歴史的な思いのうえに、まちづくり会、自治会、旅館、市役所といったところからあらゆる立場の人々がかかわり活動を進めた結果、今日の町の佇まいが生み出されている。

「この建物、建ててから一〇〇年くらい経ったから、これから次の一〇〇年間ももつように改装するのよ。もうすぐ工事がはじまるの」

和菓子屋のご主人の玉井さんは、少し視線を上げて、いかにも嬉しそうに玉井屋本舗の改装の話をしてくれた。彼女のこれから一〇〇年先への思いが、一〇〇年後の未来にどのようにして届くのだろうか。

積み重なる思いの上に

川原町から伊奈波神社を目指して金華山沿いを少し行くと、かつての岐阜の中心地であった伊奈波界隈にぶつかる。一〇〇〇年以上の歴史をもつ伊奈波神社の周辺は、今でこそ住宅街になっているが、かつてはあらゆる物資が手に入る商店街として栄え、人の往来もひっきりなしにあったという。

（7）『三十四楼記』とは、「とくに、夏の夜の鵜飼情景は、きわめて勝れており、山本屋の水楼から眺める風情は、瀟湘・西湖の十八景以上で、南都八景と近江八景をも合わせた三十四の美景といえる。それ故に、この水楼は、十八楼ではなく『三十四楼』というべき」だと考えて著されたものである。一八六〇年の夏に山本屋の主人に乞われて書かれたことは判明しているが、作者は不明である（「万延元年創業　十八楼物語」より抜粋）。

なるほど、町並みは川原町のようにその面影が今も残り、立派な町家が壊されずに再利用されて和食屋や喫茶店と姿が変わっていたり、修復され貸借されている家もある。この界隈も川原町と同じ金華地区の一角であり、川原町まちづくり会が設立してからちょうど一年後に「伊奈波界隈まちつくり会」(以下、まちつくり会)が発足し、現在、積極的な活動が進められている。

まちつくり会の会長である川島兵太郎さんをはじめとするメンバーと、金華界隈の町づくりにかかわってきた岐阜大学地域科学部の富樫先生と助教授である山崎仁朗先生、そして古民家に興味があり、将来住んでみたいと思う二〇代の若者らが集まって新しい試みがはじまった。それは、この地域で空いている町家とそこに住みたいという人とのマッチングができたら、歴史的に価値はある

町家情報バンクのミーティングの様子

が維持に莫大な費用がかかっている町家でも安易に壊されずに景観を保持していけるのではないかと考えて、二〇〇六年一二月より活動を開始した「町家情報バンク」である。

上記のメンバーに加えて、町家や蔵を利用して喫茶店を営みたいという未来のカフェオーナー、景観を大切にして町家を残していきたいと考える建築関係者(8)なども加わって新しい流れができてきたわけだが、これもすでに伊奈波界隈で景観や町の継続に関して問題意識をもって、以前から活動をはじめていた伊奈波界隈まちつくり会がこの町にあったからだ。

古くて新しい町をつくる——伊奈波界隈まちつくり会

「伊奈波界隈まちつくり会」は、二〇〇二年（平成一四年）七月、金華地区の伊奈波神社の周辺界隈において一九の自治会が集まって創設された。設立の一つのきっかけは、高層マンシ

（8） 岐阜市内を活動拠点として「歴史的建造物の調査や活用方法を研究して、公共団体との連携を取りながら地域住民の皆様やまちづくり団体との協働による保存・活用方法を提示・提案」するＮＰＯ法人である歴史文化建造物等保存会・トラスト岐阜は、建築士を中心としてデザイナー、写真家などで構成されており、すでに二〇〇六年より本格的に活動をはじめている。町家情報バンクに対しても専門的立場からアドバイスを行っている（www.sonicnote.com/trustgifu/index.html）。

ョン建設計画がこの界隈に初めて立ち上がったことである。マンションが建設される予定の近隣住民は直接的に日照問題や建築騒音といった被害を受けることになるわけだが、問題はそれだけではない。マンション建設が一棟進めば、この地域に次なるマンションの出現を許すことになってしまうのだ。まちつくり会の会長を務める川島さんは、「隣の町内にマンションができることを発端に、一緒に反対運動を行い」、界隈全体がどのようなコミュニティとなるのがよいのかを考えるきっかけになったと言う。

どんな雰囲気にして、どんな特徴を出していくことがこの町にとって最良なのか？　幼少のころから伊奈波界隈に住み、現在はまちつくり会の副会長を務めている安藤喜一さんは、この地区は戦前まで岐阜町、つまり岐阜市の中心として繁栄をきわめ、現在は閑静な住宅地であるところが商業地として多くの人々で賑わっていたという。そして、「芝居小屋が数件並び、馬車や外車が往来する一番の繁華街」だったと教えてくれた。

とはいえ、今の伊奈波地区にとっては、繁華街として活性化して多くの人々を呼び込むことがもっともふさわしいわけではない。建物はどれくらいの高さがよいのかということを考えたとき、仰ぐと金華山がいつでも見れるような景色は変えたくない、現在の中心市街地である柳ヶ瀬のように商店街として発展を目指すのではなく、安心して安全に暮らせる町にしたいという。つまり、こういった「金華地区には金華地区の開発、発展があり、わきまえてやっていくことが重要である」と川島さんは語る。

「こうしたらだめ、ああしたらだめ、というような規制をかけるようにするのではなく、こうするとよりよい」というような「積極策」をとる。たとえば、古民家を修復してまで居住するのは時間もコストもかかるから、そこを更地にして駐車場にするという話がしばしば挙がる。駐車場にすること自体は何ら問題はないのだが、駐車場が増えるとそれらの土地をまとめて買い上げようという不動産業者が出てくる可能性がある。そうなると、高層マンションや大型スーパーが建設され、金華山を望む景観が崩れるというリスクが生まれてくる。個人の一つの行動が、結果的には町全体にとって大きな波紋を呼ぶという可能性をもたらす。かといって、景観を一番に考えると個人の生活に制約ばかり出てきて、それこそ、何をするにも届出が必要な雁字搦《がんじがら》めの町になってしまう。そもそも、町の景観を守ることは住みやすさを追求するための手段であって最終目的ではないはずである。

伊奈波界隈まちつくり会は、二〇〇五年七月、住民が「誇りを感じ、界隈への来訪者にとっても魅力ある景観を形成」すること、「安全で安心して暮らすことのできる住環境」の創造、界隈の「自然環境と、そこに伝わる歴史・文化」の継承を基本方針として、「伊奈波界隈まちつくり協定」を締結した。二〇〇五年時点でまちつくり会に属している二〇の自治体すべての合意のうえでつくられたもので、川原町まちづくり会に続いて、まちづくりに対する意識が非常に高いことを実証する協定である。具体的には、風俗関連の営業や全体的に建物の低い地域から建設物が突出するようなボーリング場、ゴルフ練習場などの巨大商業施設の建設禁止、または屋根、壁色などへの配慮、屋外広告物の規制である。

しかし、これらの規制は、まちつくり会のみの策定による方針ではなく、岐阜市の「アドバイザー制度」を採用して岐阜大学地域科学部の山崎先生が協定の審議会に加わっている。伊奈波界隈は岐阜の旧中心市街地であり、かつ第二次世界大戦時に空襲で焼けていないために一八九一年に起きた濃尾大震災以降の建物は比較的よい状態で残っているということもあって、大学や岐阜市役所などが頻繁に調査を行っている地域である。歴史が深く、またそこに住む住民たちの町に対する愛着も深いものがある。

かつての町の姿を語ってくれた副会長の安藤さんもまた町に対するコミットメントが高く、退職後にはボランティアで積極的に町づくりにかかわっている人物だ。安藤さんはとくに教育現場への提言を多く行っており、地域の小中学校の将来を見越した方針策定の現場への参加も惜しみなく行っている。いかに町を住みやすい場所にし、そのコミュニティ全体で子どもを育てていくかということを考えているため、常に先のことに目を据えており非常にポジティブである。県外の最新のまちづくりの動向を情報として取り入れ、この界隈に応用できないかどうか検討を重ねてもいる。官民を越えて地域の有識者などと深いつながりのある人物であるが、もっとも大切にしているのは地元住民との結びつきである。だから、地元の祭り運営などを中心的に行い、いつも人と人とをつなげることに腐心している。

この界隈の連携が絶えないのは、ある側面ではこうした〝コネクター〟として動いている人がいるからではないだろうか。一つの事例を紹介しよう。

二〇〇二年、この地域に高層マンションが建設された。中心市街地にもほど近く、自然も歴史も溢れた土地柄であるから人気が高いのは当然である。建設計画が決まると、地元の住民で景観を守るために反対運動や署名活動を行ったが、建設が現実のものとなれば受け入れるしか道はない。こういったマンションに住むと、近隣住民との付き合いがあるどころか、日照権などの問題が浮上して既存の地元住民との仲が険悪なものになるという話をしばしば聞く。しかし、安藤さんは、マンションの住民だとしても地域でともに暮らす仲間であると考え、新しくできたマンションの住民に町内会への参加をすぐさま呼びかけたのだ。

常に顔が見えてコミュニケーションがとれないと、マンション住民と既存の住民の隔絶が起こってしまうのではないだろうかという懸念が後押しをする。もともとまちつくり会では、季節に合わせて開催する祭りの場で住民それぞれが与えられた役割をまっとうすることによりお互いを知り、連携してきたという経緯がある。その連携機能を活用して、マンションの住民にも「役割」を分担してもらい、コミュニティに入り込んでもらうという方策を考えたのだ。

新しく開発された埋立地や、それまでは住宅地ではなかったところに新興のマンションが立ち並ぶことはよくあることである。仕事上の都合や交通の便などが選択条件となり、終《つい》の棲家というわけではなく暫時的な住居となるケースが多い。この場合、周辺地域どころか、同じマンションに住む人との交流さえ希薄なものになる。実質的にも、精神的にも、「地」に足のつかない生活をすることになるのだ。しかし、伊奈波界隈では、マンションだろうが一軒家だろうがコミュニティの結束は強く、自治体での池の清掃や盆踊り大会など、顔を突き合わせる場が多く用意されている。

部屋から一歩も出なくてもショッピングができ、何ら困ることのない現代において、家族はもちろんのこと地域と密着して付き合い、コミュニケーションの能力を養うことの大切さを認識しはじめたのは、ヴァーチャルな世界にどっぷりと浸かることによって起きる犯罪などの弊害が露呈しはじめた現在《いま》だからである。安藤さんは、町の人同士、年齢を超えての交流の希薄化を以前から感じ取っていたという。

安藤さんだけではなく、伊奈波界隈にはこうしてさまざまなバックグラウンドをもつ住民をそれとなくコーディネートしている人や場がある。たとえば、それは岐阜大学の助教授である山崎先生や富樫先生であり、市役所の職員である野々村さんであったりする。実は、まちつくり会のメンバーと界隈に居住しはじめた若者らをつなげて、二〇〇六年一二月に発足した「町家情報バンク」は、これらのコーディネーターがいたからこそ実現したものである。

大きな問題への小さな一歩——町家情報バンクの立ち上げ

二〇〇六年一二月二四日、伊奈波界隈のとある町家にて、古民家の借り手と貸し手をマッチングする「町家情報バンク」の立ち上げイベントが開催された。総勢五〇名の地元住民と古民家やまちづくりに興味のある人、そして古民家を貸したい人というさまざまな立場の参加者が集まった。

水うちわにかかわりはじめてから三年目となる二〇〇六年七月、復活プロジェクトの一員であり、水うちわのデザインを手がけた蒲が金華山のふもとの伊奈波界隈の古民家に引っ越したこともあって、周辺地域の人々との交流が深くなってきた。住井商店のある川原町に足しげく通っていた蒲は、現在、岐阜市内でもっとも歴史のある金華地区のなかでも、さらに第二次世界大戦で焼かれることなく明治時代からの建物が残る伊奈波界隈にある、築一一〇年ほどの家屋を住居兼デザイン事務所として借りている。そこへ蒲が引っ越して以来、彼の新居にはいつも人がいるという状態が続いている。『ＯＲＧＡＮ』のメンバーが頻繁に訪れるということもあるのだが、大学の教授や市役所職員とともに金華地区の人々が進めてきた「都市景観サロン」

の打ち合わせ会場として場所を提供することや、「まちづくり関係の勉強会の場として使いたい」という申し出が多々あって、それにこたえているからだ。

町家という、歴史があって木の温もりが伝わる蒲の家は、知らず知らずのうちにまちづくりの拠点として共有されつつあった。さらに、大家さんの深い理解と協力もあり、住む人のいない町家を若者が借りることができたという貸し手と借り手のマッチングの成功事例であるということから、町家情報バンク立ち上げのイベント会場となったのである。

さて、この「町家情報バンク」（以下、町家バンク）は、まちつくり会の会長である川島さんや副会長の伊藤泰雄さんが、界隈において人が住んでいない町家が壊されてマンションなどが建設され、古い情緒ある町並みがなくなりつつあることに問題意識をもったことをきっかけにしている。どうにかして、町家が壊されずにこの町の景観を守っていくという仕組みができないものだろうか、と岐阜大学の教授に相談をもちかけたのだ。

たとえば、京都市では共同生活をする若者に古民家を貸す仕組みがある。しかし、岐阜ではそういう例がいまだ少なく、貸し手としては貸すにあたっての修繕費用がかさむのに加えて、信頼関係のない人には簡単に貸すことができないといった考え方が当然のことのようにあったのだ。

補修にお金がかかって貸すこともできない。だったら、壊してしまおう。こうして歴史のある町家は維持管理ができないことを理由に取り壊され、その跡地は空き地のままとなったり、駐車場に変わってしまうということもしばしばであった。築一〇〇年以上の町家がなくなってしまうなんて……と思うのは傍観者だからこそ、と言われればそれまでである。差しあたって、それだけの経費をかけて維持をするだけの意味がなければ、残しておくことが困難であることは想像できる。しかし、なかには先祖代々住んできた家ではあるが、あとに住む家族がいないうえに独り暮らしの高齢者が住むには広すぎる、とはいえ活用方法がほかに見つからないという悩みを抱えている家主もいる。それと同時に、岐阜のなかでももっとも歴史の深い金華地区に住んでみたいと興味をもって古民家を探している人が年々増えているのだ。

このような双方の需要は確実に高まりつつある。とはいえ、こうした需要を不動産仲介業者が上手くつなげているわけではない。これまでのような住居斡旋の方法は、家賃設定、居住条件の提示など事務的な手法で進められることが多いため、代々の家を、仲介業者の提示するいくつかの条件をクリアした者であってもなかなか貸すことはできないという。つまり、家主が本当に信頼できると思った人でなければ借りることができないのである。そこで、町家バンクでは、これまで需要はあったが誰も入り込むことのできなかった古民家の借り手と貸し手のマッチング事業を行っていくことにした。ただ、事業といっても、最終的には信頼関係を構築するのに仲介的役割を果たすといった、やわらかい枠組みのなかでの活動になる。

さて、一二月二四日の設立イベントの直前に開催した一般開放のミーティングは、新聞やテレビでの告知報道を受けて興味を抱いて訪れた人々で溢れかえった。古民家を借りたい人、まちづくりに興味をもつ高校生、岐阜市役所のまちづくり関係の職員、岐阜県の地域振興にかかわる職員、岐阜大学地域科学部の学生、東京在住だが金華地区に古民家をもって維持に困っている人、そして古民家に実際に住んでいる近隣住民などの総勢四〇名近くが集まった。「設立前から、今後の広がりが楽しみだ」と、まちつくり会の川島さんは言う。たしかに期待は高まるが、一方では地域の住民や古民家の家主とのつながりをいかに構築していくかという課題が立ちはだかることになる。

町家バンクの活動も含めて、まちづくりは決して一部の人の単独行動では進んでいかない。誰かが舵取りをすることがもちろん必要ではあるが、ともに町に住む人々を巻き込むことができなければ、コミュニティ内での連携が図れないどころか信頼関係さえ生まれない。

町を「良く」したいと思うが、その「良く」という言葉の定義づけは、そこに住む人々の立ち位置や考え方によって異なる。町家バンクにかかわりはじめ、まちつくり会の活動に触れるにつけ、これまで誰もがぶつかってきたであろうこうした壁を感じざるを得ない。

しかし一方で、とどまることを知らないショッピングモールの乱立や高層マンションの建設など、郊外では巨大資本に身を委ねるしかない地域設計がなされ、それを止められる者は皆無のような状態である。このような現状のなかで、伊奈波界隈のような住民主導の活動が着々と進んで「先進的な」事例づくりとなっている現状は、将来に向かう一筋の光であると考える。

町家バンクの活動はまだはじまったばかりだが、町家を一つのきっかけとすることで、まちづくり活動の抱えている問題の一つである住民の意識の違いを埋めることができるかもしれない。町家を見直す人々の来訪によって町家のよさが住民に再認識され、そしてそれによって町家再生の社会的動向につながるのではないだろうか。クリスマス・イブに行った設立イベントで、地元の人しか知らない隠し味の入った温たかい豚汁をみんなですすりながら、そんなことを語り合った。

「まち」で暮らすこと

まだ蒸し暑くて、風が生暖かい夕方、遠くから三味線や笛の音とともにお囃子《はやし》の声が聞こえてきた。夕闇のなか、ほの明るく遠くに灯る光を頼って音のするほうに近づいていくと、そこは伊奈波神社の境内であった。屋台のライトや照明がまぶしく放つ光の奥では盆踊りの櫓《やぐら》が組まれおり、その周りをぽつぽつと人々が囲んでいる。

「アーラ、ヤッチクサッサイ」

櫓を中心に、浴衣を着た老若男女が『やっちく』を上手に踊っている。『かわさき』、『春駒《はるこま》』、ドリフターズの歌詞つきの『ずんどこ節』まで、あらゆる有名どころの盆踊りを網羅している。(9)伊奈波神社の境内で、このお祭りは毎年八月お盆の時期に行われている。飲食物を販売する屋台のテントは二つしかなく、それらは小規模で地元の人々がボランティアでまかなっている。来る人たちも、みな自宅から連れ立って歩いてやって来る。自治会の人々をはじめとする地元住民による、手づくりの、小さいけれど温かいお祭りだ。

伊奈波界隈まちつくり会の方々とのつながりを深くし、町家バンクの立ち上げなど地域でともに活動をさせてもらう過程で、私たち「新参者」はこのようなお祭りや池掃除などの催しに顔を出させてもらっている。近所付き合いに慣れない新参者の私たちにも、自治会の人々は「今度のお祭り、浴衣着て遊びにおいで」と、温かい声をかけてくださったのだ。

初めての参加。私も一緒に踊ってみた。盆踊りだったら、徹夜踊りで全国的に有名な「郡上踊り」にここ数年通っているから「お任せあれ!」と思いきや、突然、初めての踊りがはじまった。

ハァーエ　ちょいとお出よ
鵜飼の　ヤンレサ　岐阜へ

岐阜はよいとこ
おつなとこ　オーソレ　おつなとこ
ハァーエ　長良橋から
美濃富士　ヤンレサ　かけて
ここが名所
鮎どころ　オーソレ　鮎どころ

ハァーエ　手並みみせたや
鵜匠のヤンレサ　手縄
恋のもつれも
すぐさばく　オーソレ　すぐさばく
濡れてもええがな　そのまんま
船までいりゃぁせ　おいりゃあせ

ハァーエ　鵜船かこんだ
屋形の　ヤンレサ　船に

伊奈波神社での盆踊り（写真提供：岐阜のいいとこ探検）

色もほんのり
火がゆれる　オーソレ　火がゆれる

水の流れを両手で掻き分ける。両手で棹《さお》をしっかりつかんで船を漕ぐ。このような所作を模した動きを、見よう見まねで繰り返す。まったく初めての動作と歌詞。この踊りは何だろうとよく聞いていると、これは『鵜飼音頭』だそうだ。そうか、棹で漕ぐのはきっと船頭の行為を意味していて、長良川の鵜飼の情景を示している踊りなんだ、と解釈する。

郡上の徹夜踊りのように踊りなれていないものだから、最初はかなり戸惑った。手と足が同時にうまく動かない……。余裕のないなか、視線を上げて周りの様子をうかがうと、なんとほとんど全員がとても自然に、そして流暢に踊っている。無駄な動作はいっさいなく、すんなりと進んでいく『鵜飼音頭』。まるで日常のことのように、みんな手足が動いている。

伊奈波神社(10)は、長良川の左岸から歩いて一〇分ほどのところにある。金華山の麓にあり、一九〇〇年以上も前に創建されたと言われている。

「森は海の恋人」という言葉を聞いたことがある。森は海を、海は森をとお互いを支えあい、豊かにするという意味である。それと同じように、「山は川の恋人」と言えるのではないだろうか。金華山の懐《ふところ》にある伊奈波神社は、金華山の恋人である長良川で一三〇〇年以上の歴史を積み上げてきた鵜飼を見守ってきたのだ。この地でしか生まれ得なかった『鵜飼音頭』。決して、広くに知れわたるわけではない。長良川と金華山、鵜飼に接する生活を営むこの地の人々が『鵜飼音頭』を知り、愛してそれを踊り継ぐ。

しかし、まちを変わらず愛して『鵜飼音頭』を踊り続けることは、決して単純なことではないのではないだろうか。そうするために努め、活動をしている人々がいるからこそ継続できているのだろう。まちづくり活動を地域の人々とともに積み重ねるなかで、私たちは、金華地区

（9）『かかわさき』：享保年間勢州（伊勢）古市の里で唄われた『川崎音頭』が参宮道者によって郡上の地に伝承され、山紫水明の環境の中にさまざまの変遷をたどった末、この地で四〇〇有余年もの成長を遂げたといわれている。「郡上おどり」の代表歌とされている。『春駒《はるこま》』：幕末から明治にかけて、春先になると越前の油坂峠を越えて鯖売りがやって来た。その呼声が、はやしとなり踊化されたという説がある。『やっちく』：四万八千石の城下町として栄えた郡上八幡の町には、幕末から明治にかけてさまざまな旅芸人が訪れた。なかでも、両手で八枚の竹を打ちならし「八百屋お七」、「鈴木主人」のようなくどき唄を哀調をこめて唄い廻ったのが、民衆の共感を呼んで踊り化したと言われている。吉田川の瀬音が四方を囲む山にひびく夜が更けた静けさの中で踊られる（郡上八幡観光協会発行「国重要無形民俗文化財　郡上おどり」を参照）。

（10）景行天皇一四年（八四年）に現在の岐阜公園内の丸山（当時の椿原）に創建されたが、一五三九年、斎藤道三が稲葉山城を築城する際に現在の岐阜市伊奈波通りに移した。現在も季節ごとに祭りなどを催しており、地元の住民のみならず各地から多くの人々が訪れている。

に続く伝統や文化的習慣も地元住民の方々に手取り足取り教えてもらっていた。

金華地区は、山と川が同時にあるという自然に恵まれた土地である。だから、彼らの生活にはそれらの存在が欠かせない。まちつくり会の川島さんは、「仰ぐとそこに金華山がある」風景がこの地への愛着につながると言う。そして、安藤さんは「鮎釣りの名人」であり、シーズンには毎日のように長良川に通ったそうだ。金華地区の住民のもっている原風景を想像することが難しくないのは、今であっても岐阜市内を通る長良川の周辺地域に住んでいれば誰もが金華山を仰ぎ、長良川では川遊びをするからである。それらは、共通の娯楽資源と言えるだろう。

このとき、ふと水うちわのことが頭をよぎった。水うちわもまた長良川で育まれ、長良川なくしては生まれ得なかったからである。つまり、人だけではなく、この地域でつくられてきた伝統的な工芸品は、みな生みの母である長良川に内包されている存在なのだ。

一〇〇年以上もの歴史をもつ伝統工芸品であっても、時代の流れのなかで、原材料を国内産のものから国外産のものにシフトせざるを得なかったものもあるだろう。観光地でお土産用に売られている和物っぽい商品でも、「Made in China」と記されているのを目にすることは珍しくない。しかし、かつてはその地にある自然資源を生かしてモノがつくられ、使われてきたという経緯がある。当然のことながら、町のつくりに関しても川原町が川湊として物資の中継点であったように、地形的な問題から陸運の発達が難しく、川の水運を利用することがこの周辺地域の特徴的な産業構造につながったというバックグラウンドがあるのだ。

多くの魅力ある町家をもつ町が、水うちわのような伝統的工芸品が、町で繰り広げられ人と人をつなげる祭りが、そしてそれらすべてを含めたこの地域への愛着心が続いていくためには、長良川を守り続けていくことが必要不可欠なことではないだろうか。水うちわの復活プロジェクトを発端として町づくり活動や川を拠点とした祭りへの参加をしてきたことをきっかけに私たちは、川を守ることの大切さをあらゆる角度から認識することとなった。

すなわち、水うちわ復活プロジェクトの初期段階、私たちは水うちわに必要な雁皮紙《がんぴし》を探して岐阜市より長良川の上流にある美濃市で手漉き和紙職人と出会っていた。彼らの仕事は古代から続けられているもので、その地で継続してきた理由の一つが清らかな川の水がふんだんにあるということだった。これをスタートとして、次に遭遇したのが長良川で一三〇〇年以上続いてきた鵜飼である。この伝統芸能がなければ、観覧のために現在行われている船遊びは生まれていなかったかもしれない。また、現在でも鵜飼が続いているのは、長良川が鮎の生息できるほどの清流であるからだ。もし、川の水が美しくなければ、私たちは船上から川の水にうちわを浸けて遊ぶ水うちわ船を思いつくことすらなかったと思う。同様に、川を拠点とする「長良川薪能」や「ぎふ・あかり灯ウォーク」が生み出されて継続しているのも、川の水の美しさが今に続いているからである。

さらに話を聞いていくと、川を囲む地域に住む人々との付き合いのなかで長良川で遊んだ経験のない人はほとんど皆無で、みなが鮎のいる長良川を知っていた。そして、それを子どものころの原風景としてもち、アイデンティティとさえなっているのだ。清流長良川は、この地の誰もが共有する当然の自然資源なのである。こうして、長良川を美しく保つことは重要であるとの認識を実感としてもつようになると同時に、長良川が年々汚れていくことに対する危機感が生の体験として身に沁みるようになっていった。

長良川を守るために——川から山へ「里山再成トラスト」

水うちわを最初のきっかけとして私たちが思い至ったのは、清流長良川の存続であった。その過程に、まちづくりに尽力する金華地区の人々との出会いがあり、長良川でお祭りを立ち上げ、続けてきた周辺の人々との協働がある。水うちわを中心として、それを取り囲む人々につないでもらったたくさんのご縁が紡ぎ続けられることで長良川を守ることが必要不可欠であるとの認識が生まれ、私たちはさらにその先にあるものを見つけようとしていた。

「ミーンミンミンミンミンミンミンミンミン」

「ジジジジジジジジジジジジジ」

「あっついねぇ」

「こんなに汗かくの、久しぶりかも……」

岐阜市の北部、郡上市の山奥にある小さな畑で首に巻いたタオルで汗を拭き拭き、慣れない手つきで土をいじる。鍬《くわ》を振りかぶる人、野菜の苗を植える人、お手製のベンチをつくる人、草むしりをする人、それぞれの役割をもって畑で作業を進める。東京から家族で来た人、農業に興味のある若者、岐阜市に住むサラリーマンなど、総勢三〇名ほどの人で畑の土地は賑わっていた。

農作業のあとには、この地でとれた味の詰まった野菜をふんだんに使って川辺でバーベキューをした。豚のホルモンを赤味噌と一緒に炒めた料理で、岐阜県の飛騨地方でよく食べられて

里山再生トラストの農作業に励む参加者

いる「とんちゃん」の野菜炒め、冬瓜入りのあったかいスープ、そしてとれたてのキュウリに特製味噌をつけてガブリとする。どれもこれも、ゆっくりと味わえば味わうほど素材の甘みが口のなかに広がっていく料理ばかりである。これまた、汗を拭き拭き満腹になるまでいただく。

食事のあとは川遊び。川の水は、底の石の色や形が一つ一つはっきりと見て分かるくらい澄み切っている。金華地区を流れる岐阜市内の川の水も十分美しいが、郡上はその上流域とあって澄み方がやはり違う。川面にできる小さな波が太陽の光に反射して、宝石のように美しくキラキラと輝いているのだ。

そんな飛び切り「贅沢」な川で思いっきりはしゃぐ参加者たち。三メートルくらいの高

チューブ浮輪で川遊びをする参加者

さの岩から澄んだ水に飛び込む、カヌーに乗りこんで川上に向かってパドリング、ゴムチューブの浮き輪にしがみついて流れに身を任せる――それぞれが、好き好きに楽しみ方を見つけて一生懸命遊んでいる。土と水と太陽の恵みが一度に堪能する、そんな時間を過ごし、体も心も満たされていった。

川から山へ、私たちORGANの活動が広がりを見せはじめたきっかけが「里山再生トラスト」である。(11) 里山再生トラストとは、岐阜市より長良川を上流に上り、美濃市のさらに北部にある郡上市で行われている里山を守る活動である。この活動は、郡上市を拠点に活動している「郡上八幡・山と川の学校」が「次代を担う子どものために」という理念を掲げてパブリックシステム株式会社という企業の一事業部として開始したもので、二〇〇五年より本格的にスタートした。

郡上市にかかわらず、現在、地方の農林地は壊滅的な状態にあるところが少なくない。というのは、農林従事者の高齢化や減少によって田畑の耕作がまったくされていない「耕作放棄地」

---

(11) 二〇〇五年より本格スタートしたこの活動には、ORGANのメンバーとともにG-net東京のスタッフで里山再生に興味をもつメンバーが集まり、積極的に参加をしている。

や、間伐など適切な手入れがされなくなった放置林が増大しているのである。この状況は、単に田畑や林野の荒廃を生むだけではなく、川全体、つまり下流域への影響も甚大であるのだ。

山の荒廃が川の荒廃へとつながる。上流域で里山が機能する、つまり田畑が耕され、山林に手が入れられるということは土地の保水機能が維持されているということである。耕作された田畑はふっくらと水を含みやすく保水力に富み、健全な林野は植物の根が張り巡らされているために、ちょっとやそっとの大雨では崩れることはない。

近年、鉄砲水といって、大雨が降るとすぐに洪水が起き、ある地域では床下浸水の被害にあったり、道路が水没するという自然災害に見舞われているところが多い。これは、地球温暖化に起因する異常気象のみが問題なのではないという。手入れがされない田畑、山林が増えれば増えるほどその土地が持ち合わせていた保水力がどんどん低下し、雨が降ればそのまま雨水が川に流れていってしまうのだ。つまり、鉄砲水は自然災害であると同時に人的災害であるとも言えるのだ。

こうした災害を防ぎ、さらには必要水量の確保のためにと、日本全国でダムの建設が相次いだのは周知の事実である。しかし、長良川にはダムがない。近年の考え方によると、ダムの流量調整機能力はごくかぎられており、むしろ流域の自然のもつ保水機能を最大限に引き出すための取り組みが強く求められているという。

四〇万人の人口を抱える都市であり、県庁所在地でもある岐阜市において、長良川はいまだ底が透けて川底の石がはっきりと見えるほど清らかな水を湛えている。この状況が現在においても保ち続けられていることは、まさに奇跡的と言える。しかし、この奇跡は決して自然に続いているわけではなく、長い年月にわたって長良川とともに生活をする上流域の人々が伝え継いできた知恵とライフスタイルに起因している。

たとえば、郡上市の市街地を抜けるといくつかの山村があるのだが、そこには「水舟」という文化が残っている。それは、山水《やまみず》を庭先にまで引き込み、生活用水として確保するというものだ。段差をつけて三層に連なる水槽があり、その一番上の一層目の水は飲み水

水舟

として使われる。そして、二層目は野菜など口に入れるものを洗うために使い、三層目は調理に使った汚れ物を洗うために、そして使ったあとの水は池に流しこまれる仕組みになっている。池では、残飯を鯉が食べ、さらにはバクテリアによって残った汚れが分解されて元の清らかな水に戻っていく。このように上流域での生活は、自然との共生が下敷きとなっているのだ。

こうした生活文化が実践されている郡上という土地で、里山の荒廃があらゆる問題を引き起こすと認識して「里山再生トラスト」をはじめた人物、それが三島真さんである。

「ここらへんでは大根がたくさんとれるんだけど、この近くのコンビニで売っているおでんの大根は、ずっと遠いところから来ているんだよ」

ゆったりとした温厚な話し方。しかし、彼の言葉に含まれた意味は非常に深く核心をついている。

「商品になるってことは、お金でしか買えないところにつくったものを投入するってことなんだよな」

長良川河口堰建設の反対運動のリーダー格として活動していたからか、「かつては過激なイメージをもたれてしまっていたんだ」と、苦笑いしながら自身のことを打ち明けてくれた。一九八八年から一九九六年ごろまでは河口堰の反対集会に参加したり勉強会を企画したりと、中心となって活動を進めてこられたようだ。現在行っている「里山再生トラスト」は、この活動がバックグラウンドになっているという。

一九九四年にほぼ完成形に達し、一九九五年より運用が開始された長良川河口堰は、その計画および建設段階で大いなる議論を生み、運用がはじまってから一〇年が過ぎた現在においても運用中止を求める活動が展開されている。治水や河口地域での塩害防止、工業用水の確保など、かつての建設省が建設にあたって挙げた理由は実証性がないのに加えて、運用が開始されればこれまで守られてきた自然の生態系が破綻するという市民団体からの報告書も多々提出されている。一九九四年、村山内閣において建設大臣を務めた野坂浩賢（一九二四～二〇〇四）が運用開始を発表した翌日には、ほとんどの主要新聞の社説において、長良川河口堰の運用は「世紀の愚行」であると声を揃えて批判したほどである。

三島さんは、もっとも精力的に活動をする市民団体で活動を展開し、あまたの「河口堰反対署名」を集めたり、長良川に生息する鮎やサツキマスを模《かたど》った神輿《みこし》(12)をつくって東京でのデモ行進へ赴いたりと、怒涛のような反対運動の日々を過ごしていた。今でこそ当たり前の風潮となっている環境保護運動だが、当時の田舎ではまだ環境保全に対する認識が浅かったために活動

(12) 鮎やサツキマスは、川で生まれて海で育ち、産卵のために川に遡上する。河口堰でせき止められた長良川の生態系が崩れることを象徴する魚として反対運動をきっかけに注目を浴びたため、その形状の神輿をつくり活動を繰り広げた。

を行う団体は少なかったという。だから、三島さんの活動には、そのさきがけとして新聞、テレビ、雑誌からの取材が後を絶たなかった。

これほどまでに長良川河口堰問題は全国的に問題視されていた公共事業であったし、国が管理する約三万本の河川のなかでダムのない珍しい川である長良川を守ることは、自然環境問題として、または社会・政治問題として多大なる注目を浴びていたのである。その活動のなかで三島さんが立ち上げた勉強会「清流カレッジ」は、一九九二年より約五年間にわたって毎年四回開催し、河口堰問題を中心に据えてさまざまなテーマで活動している人を講師として呼んだ。今でいう市民大学のようなものである。講師には、ジャーナリストの本多勝一氏や筑紫哲也氏をはじめとして、研究者、政治家、作家という多方面から怱々《そうそう》たるメンバーを迎え、学長には日本哲学会の重鎮である梅原猛氏が就いた。また、「清流カレッジ」に入会した人数は、北海道から九州までなんと合計二〇〇〇名にも上った。

清流カレッジは、当初はスクール形式での講義が中心的だった。しかし、話を聞くだけではなく、水の町郡上でもっと身近に川を感じてもらえるような体験を提供していこうと思って開始したのが野外講座であった。そして、この延長線上に里山再生トラストがある。野外講座というのは、川や山などで体を動かして自然を満喫するという体験学習であり、川でのカヌー体験や虫捕り、山を駆けめぐって遊ぶなどの内容を用意している。現在は子どもを対象として、それまで自然と本気で向き合う機会のなかった東京や名古屋など、都市からの参加者の需要が着々と伸びている。つまり、都会に住む人の憧れる田舎体験を提供しているわけだ。

しかし、三島さんは、この体験は「点」でしかなく、それ以上の広がりが必要だと気付いていて「面」となりうる活動を考えていた。すなわち、田舎の楽しさだけではなく、そこが抱えている問題にも触れてもらいたいと感じていたのである。その問題の一つが、郡上における農林業の厳しい現実であった。「輸入作物の増加や消費者のライフスタイルの変化などが原因となり、農業が元気を失って」(13)いる。それに加え、農業従事者の高齢化により放棄された田畑が荒れはじめている。また、林業においても、外材の輸入と林業従事者の高齢化などで先が見えない状況となっているのだ。

「ここは、実は、かつては田んぼだったんだよ」

里山再生トラストの活動で、これから耕作を行うために借りる予定の用地に初めて訪れたときに指差されたその土地は、数年前までは手入れがされていたとはとても思えないような雑草にまみれた荒野であった。このような放棄された農耕地はあちこちにあり、そのうえ、いつそ

(13) 三島真著「『山と川の学校』とは何か?② なぜ山と川の学校をはじめたのか」より。

うなってもおかしくないと思われる土地が至る所に点在している。

　こういった問題は、何も郡上だけのものではない。日本全国の、とくに過疎化が進んだ地域ではことごとく同様の、もしくはもっと深刻な局面にさらされているのだ。こうした状況が示しているのは、日本の食糧自給率の低下であろう。主要な「先進国」と比べても日本の数値は最低水準まで落ち込んでおり、いまや約六割の食糧を海外産のものに頼るという驚異的な低さを示している。

里山再生トラストでのバーベキューでとんちゃんを焼く

　テロや核問題など国家間、そして国家と国家の枠組みを越えた地域との関係性が非常に危うい信頼のうえで辛うじて成り立っている昨今においてこの事態をのほほんとやりすごすことができていたのは、いつでも当然のように品揃えされているスーパーでしか買い物をしたことがなく、インターネット上で売られる産地直送の野菜をワンクリックで購入できる環境に「恵まれて」いたからであった。日々口にする野菜がどこから来ているかなど、考えるきっかけも、その必要もなかったのだ。つまり、このコンビニのおでんの大根がどこでつくられているものなのかと考える前に口に運んでいたのだから。

里山再生トラストでは、耕作放棄地を地主から預かるとともに、土地を借りる人を探して農業体験を提供している。土地を借りたオーナーには季節ごとに行われる作業日に参加をしてもらい、作付けや収穫の体験をしてもらっている。採れた作物は、その場で味わうこともできるし持ち帰ってもよい。いわば、自分の畑が自宅からちょっと離れたところにあるという感覚だろうか。

二〇〇六年には、ＯＲＧＡＮとＧ－ｎｅｔ東京のメンバーがカンパを出し合って六〇平方メートルの土地を借り、定期的に郡上に訪れるようになった。この畑から私たちがもらうのは、太陽をめいっぱい浴びた野菜だけではなく、自然とともに生きる知恵だったり、日本の農業の現状に関する問題提起だったりする。

そういえば、二〇〇五年八月にこんな出来事があった。私たちが耕作した土地でつくったナスが、イノシシによって食べられてしまったのだ。畑には、イノシシの爪跡がしっかりと残されている。一生懸命植え付け、収穫を楽しみにしていたナスが……。とても残念に思ったが、三島さんは、なぜイノシシがここまで来てナスを食べなければならなかったかをそれとなく教えてくれた。

「実は、こういう動物による被害は人害《じんがい》でもあるんだよ」

この周辺の山には、イノシシやシカがたくさん棲んでいるそうだ。これらの動物は、山のなかにある木の実や新芽を食料として生活している。しかし、近年、彼らの餌となるそれら植物が激減しているという。私は、その理由が異常気象であると思っていた。もちろん、気候の変動も原因の一つであるそうだが、それだけではない。山の生態系が崩れているのだ。その生態系を崩しているのは、ほかでもない人間なのである。

人は、材木生産のために植林を行ってきた。人が植林に選んだ木は、成長が早く、数十年で建築材として使うことができるようになるスギやヒノキだった。山には本来、さまざまな木々が共存している。それぞれが育つスピードや葉や幹などの形状が異なるため、木々のすき間から光が入り、背の低い木々や山肌に生息する植物も太陽の光を浴びることができる。したがって、山全体の樹木がまんべんなく育つことができるのだ。しかし、杉しか生えない山では地表に光が届かず、これまであった植物が育たない。だから、それらを食料としてきた動物は餌を失ってしまったのだ。それぞれの動植物が生きてきた循環の輪が、あるときから途絶えてしまったのであろう。

拡大増林という目的のもとに進められてきた植林は、その後の手入れの不足からまさに山林生態系崩壊の引き金となってしまったのである。さらに悪いことに、こうした事実は私たちに正しく知らされていないのではないか。

山から里に下りてきたクマやイノシシの捕獲作戦シーンを、最近、ニュースやワイドショーで頻繁に目にする。それは、動物園以外ではめったに目にすることのない巨大な動物がいかに罠にかかるか、もしくは睡眠薬入りの銃弾で眠らされるかというドラマ仕立てのストーリーがエンタテイメント的要素を付加して流されるだけである。そして最終的には、「害獣」は無事に捕獲されました、と締めくくられる。動物がなぜ山から下りてくるのか、ということにはマスコミはまったく興味を示さず、それに関して言及することも皆無といってよい。

一つの事象を一側面からのみ報じ、それ以上のことは時間がないからか、それとも情報自体が不足しているからか踏み込むことがない。そして、もちろん、自分の育てた野菜がイノシシに食べられることがなかったら、お茶の間のテレビで何の感慨もなくその報道を見ていてもおかしくない。

近隣のスーパーで売られている野菜をつくる農家が直面しているあらゆる問題がテレビや新聞というフィルターを通じてしか届かないために、その問題を自分の問題としてとらえることはきわめて困難である。そして、それはもはや現代社会において「常」となっている。里山再生トラストで、都会からやって来た人が耕作放棄地を耕すことでさほど食料自給率が上がるわけではないかもしれないが、こうした大きな気付きを小さなきっかけからもらうことができる。

それは、私たちが食べているすべてのものが生み出される土に実際に触れ、汗を流し、自然の恩恵を受けているという実感をともなった活動だからなのではないだろうか。

「市場主義の行きすぎを、地域から変えていかなければならないんだよ」

三島さんは、消費者を巻き込んだ形での仕組みづくりを構築する一つの方法として里山再生トラストをとらえている。そして確実に、消費者だった私たちはプチ生産者に変わり、大きな問題を少しずつではあるが認識しはじめている。

長良川一〇〇年鮎構想

長良川周辺の生活文化から誕生した水うちわに惚れて、岐阜うちわをつくる職人に出会った。そして、話をするなかで、伝統工芸品であるうちわを生み出し続けることが現在においては容易なことではないことを初めて知る。それは、かつての「手仕事」が大量生産、大量消費の風潮によって蔑《さげず》まれ、原料である和紙や竹の入手がきわめて困難となったからだ。しかし、こうした現状を踏まえてもなお、岐阜うちわを存続しようと手づくりを続ける職人を、そしてうちわを見つめていきたいと自分なりに動いてきた。

水うちわのすばらしさを一人でも多くの人に知ってもらいたいと、広報活動として行った水うちわサロンと水うちわ船。それを通して出会った周辺地域の人々の、長良川を中心とした生活や文化、伝統を守って語り継ぎたいという思いを目の当たりにし、それらの人が愛する町へ飛び込んでいった。生まれてこのかた近所付き合いの経験もあまりなく、町というコミュニティにコミットをすることへのリアリティも金華地区に出会うまではもったこともなかった私たちORGANのメンバーが、地域住民の人々に温かく迎えられ、祭りなどで役割を担い、少しずつ活動に受け入れてもらうことで町への愛着を深めている。そして、町の抱える町家に関する問題を共有していきたいと町家情報バンクの立ち上げにコミットさせてもらった。

一方で、金華地区の人々の生活、文化、伝統を形成してきた長良川を守るためには山に目を向けなければならないという認識に至り、郡上市で里山を再生するプロジェクト「里山再生トラスト」に参加した。そこでは、長良川の上流地域である郡上の直面する農林業従事者の高齢化による耕作放棄地の増加、それにともなう川の氾濫など下流地域への甚大なる影響など、農作業や川遊びを発端として「気付き」をもらうこととなった。それと同時に、田舎での自然とともに生きることの豊かさを自然そのものから教えてもらったのも確かである。

鮎が長良川を遡上《そじょう》するかのように、私たちは岐阜市から美濃市を越えて郡上市までと、川の上流へ上っていった。そして私たちは、こうした水うちわを入り口としてはじまった川を軸にしたぼんやりとした一つのつながりを、徐々に形にしていきたいと考えている。そのつながりは、強制的なものでは決してなく必然的なものである。水うちわの物語を追っていくごとに、ときには広がり、そして深まって一歩ずつ進んでいったのだ。そのプロセスで気がついたもの、それは本当にたくさんの人が長良川が美しくあることを願っているということだった。

郡上市で里山再生トラストを推し進める三島さんは、長良川河口堰問題に端を発し、今は山を見つめることから川を守っている。金華地区のまちづくり会を牽引する川島さんは、幼いころから川の近くに住み、原風景としての、そして町の魅力的な風景として清流長良川が続くことを祈っている。鵜飼で鵜を操って鮎を捕る鵜匠の山下純司さんは、日々の生活のなかで直接的に川と対話して川とともに生きている。さらに、水うちわをつくるうちわ職人の住井一成さんも、長良川温泉旅館の若女将会の伊藤知子さんも、紙問屋の家田学さんも、立場こそ違え長良川に寄せる思いをともにしている。

生来、長良川とともに生きてきた数え切れないくらい多くの人々の想いをなんとかつなげることはできないだろうか。そんな想いの末に至った考え、それが「長良川一〇〇年鮎構想」である。これは、「一〇〇年後の長良川にも鮎が戻ってきますように」という願いを長良川にかかわってきた人々が共有することで、清流を協力して守っていこうというものである。

鮎の成魚は、夏を上流域で過ごす。秋になると産卵のために下流域へ下り、そこで生まれた鮎は幼魚のころは海へ出る。そして、成長して春になると川を遡上するのである。わずか二〇

～三〇センチほどの鮎の体長を考えると果てしない大旅行だが、鮎は必ず自分の生まれた川に戻ってくるのである。しかしそれは、鮎を含めた長良川における生態系を維持することができたら、の話である。

一〇〇年後に生きているだろう私たちの孫の世代まで、鮎の遡上に象徴される長良川の清流を守り続けることを目的として、長良川にかかわる人々をつなげたい。そのために、「長良川鮎一〇〇年構想」を共有ビジョンとして掲げることはできないだろうか。水うちわを通じて出会ってきた個人、ＮＰＯ、ボランティア団体はそれぞれの活動に奔走しているが、もし彼らが有機的な交流の機会をもつことができたら今まで以上に大きな力を発揮するに違いない。

長良川一〇〇年鮎構想は二〇〇五年に語られはじめ、具体的な動きはまだこれから先の話である。しかし、私たちは、この構想を打ち立てたことによって得たものがある。それは、長良川流域の地域で生活している者として川を守るために能動的に動いていこうという意識であり、それは意義のあるものであった。なぜなら、生まれたときから長良川はそこに美しくあり、とくに何もしなくともこのままの状態が続いていくと考え、当然の自然の産物として認識するだけでとくに何もアクションを起こす必要がないと思い続けてきたからであった。

長良川河口堰の反対運動が起こっても自分とは関係ないことだと思っていたし、長良川で天然の鮎の漁獲量が少なくなったと聞いてもそれを大きな問題だと認識することもなかった。また、メダカが天然記念物になって長良川から姿を消しつつあると聞いても、少しの寂寥感《せきりょうかん》を覚えるだけだった。すなわち、これまで長良川の当事者としての意識がなかったのだ。私たちは、明確な「長良川一〇〇年鮎構想」という言葉を口にすることで、自分自身もステークホルダー（利害関係者）であることを認識させられたのだった。

広がる「長良川一〇〇年鮎構想」

二〇〇六年一月二八日、「長良川流域地域デザイン懇談会」の第一回目の会合が開かれた。白山信仰発祥の地である石徹白《いとしろ》に在住し、雪のなかでの生活体験ツアーを主導している方から、岐阜の歴史的街道発掘を行っている高校教師、里山を守る里山再生トラストを行う三島真さん、農業に興味のある大学生など総勢二〇名ほどの「長良川流域」関係者が集まったのである。この懇談会は、長良川流域を主軸として流域のさまざまな活動に連携を呼びかけること、そしてそれらのネットワーク化を図ることで、住民の手によって流域圏の地域デザインを行うことを目的としている。この懇談会の中心的役割を担うのは、NPO法人「地球の未来」[14]の理事長である駒宮博男さんだ。

駒宮さんは、少子高齢化や人口減少問題を人口予測から、産業構造をそれぞれの産業の生産額から、そして各市町村の食糧自給率の低下を地域の農業生産量、人口からシミュレーションし、科学的視点から岐阜県の地域の持続性について分析を重ねている。こうしたなかで、食糧やエネルギーなど、地域内で自給自足できる資源がありながら生かし切れていない現状が明確に認識され、地域の持続性の危機を感じているのである。この危機から脱するためには、地域内にて循環させることのできる自然資源《ナチュラルリソース》を利用した地域コミュニティ単位での生活が重要となってくる。

そこで、彼が考案したのが、長良川という流域圏を主軸とした地域デザインのあり方である。岐阜県内でのあらゆる地域から収集したデータによると、当然のことながら、それぞれの地域によって人口や高齢化率も違えば産業構造も異なる。したがって、地域デザインをするといっても社会的前提に相違があるのだから足並みが揃わなくて当然である。また、自然資源を活用する場合でも、地域間で立地、自然環境とのかかわり合い方や、それに伴って意識の差がある

(14) NPO法人地球の未来は、地球に訪れると予測されている三つの危機を現実的に解決する方法を模索し、あらゆるフィールドで活動を進めるNPO法人である。三つの危機とは、「化石燃料の需給バランスの崩れによるエネルギー危機、異常気象や水不足による食糧危機、経済構造の劣化や財政赤字の累積による経済危機（化石燃料や食糧の輸入量も激減する）」である。メンバーには、大学教授やシンクタンク関係者、行政職員、研究者など、さまざまな背景の人によって構成されている。

ために断絶が起きてしまう。上流部の山林は上流部の人たちにとっては木材およびエネルギー資源だが、中下流の人々にとっては治山治水、そして飲料水の源である。流域の自然資源は、上流から下流までさまざまなステークホルダーで有機的につながっているのだ。すなわち、長良川を美しく保つためには、流域である岐阜市や関市、美濃市や郡上市が清流の維持に向けて一体となる必要がある。

こうした問題意識を背景に、駒宮さんは「地域住民による長良川流域地域の再生」を呼びかけ、「長良川流域地域デザイン懇談会」の設立を呼びかけた。この提案に、蒲が具体的にかかわりはじめたのが二〇〇六年の夏ごろであった。駒宮さんは、学術的・科学的視点から地域の抱えるさまざまな問題をとらえ

懇談会の趣旨を語る駒宮博男さん

て、流域で活動する人々の連携が必要であることを認識している。一方、蒲は、水うちわ復活プロジェクトでの経験からちょうど同じようなことを憂慮していたのだ。立場は違うが、至った思いが同じ方向であったため、私たちORGANメンバーは駒宮さんとともに流域地域デザインについて具体化をはじめている。

水うちわなどの伝統工芸品を存続するためには、竹や紙などの原料が必要である。しかし、年々職人が減って後継者がいない伝統産業において、その原料の継続的な供給が難しいという実態がある。つまり、手仕事による産業は今の社会において成り立つことはきわめて厳しい。原材料も、職人も地域内で賄うことができなくなったら衰退していくしかないのだ。海外から輸入する機械漉《す》きの和紙でうちわをつくるのだったら、岐阜でつくる必然性が見当たらない。だから、岐阜に伝わる岐阜うちわが将来も続いていくためには、岐阜で材料を手に入れ、岐阜で原材料を加工する職人やうちわ張り職人を育てることが必要となってくる。美濃和紙職人が育たなければ、うちわだけではなく岐阜提灯の行く末も不安だし、うちわに関して言えば、竹の調達はすでに県外に依頼しているために安定して供給されていないのが現状である。

私たちは、岐阜うちわの継続のために、自然資源も人的資源も地域内で循環させていく必要性を強く感じていたのだ。「地域内」というのは、水うちわ存続を念頭に置いて考えたとき、県や市町村のような行政上の単位ではなく長良川に関係する地域であると想定していた。そんなときに出会ったのが駒宮さんだった。彼の考える「長良川流域地域デザイン」は、水うちわの抱える問題の解決方法としてしっくりいった。川を囲むあらゆる地域に住む人々や、川に関連して活動するアクターの協力を得れば、水うちわに必要な和紙の調達や竹骨のための竹林整備も夢ではないと思ったのだ。

この巡り会いは、おそらく偶然ではなく、水うちわが引き合わせてくれた必然の出来事であったと思う。なぜなら、水うちわを通して長良川のことを考えて動いていくうちに、さまざまな分野で長良川をテーマとして活動をする個人やNPO法人、ボランティア団体などと出会いを重ねていたからだ。バラバラに活動をしていた人々が、流域デザインの構築を共通項としてつながりつつある。

ある社会的ムーブメントが遠く離れた地域間で同時に起きるということは、歴史的に見ても少なくない。町づくりの意識の高まりであったり、環境問題に対する問題提起であったりと、もちろんメディアによる同様の事象の報道や地域を越えた交流があるが故に、問題を問題と感じはじめるタイミングが似たような時期になるのかもしれない。

しかし、危機を危機として感じるところは、実はもっと自らの身近な暮らしのなかにあるのではないかとも感じている。たとえば、道すがら人と挨拶することがなくなったなぁと思うことや近所を駆け回る子どもが少なくなったこと、そしてセキュリティを強化して塀に囲まれた家が多くなったことや地元の商店街にある古くからのお店がつぶれてしまったことなどの局面でちょっとした違和感を抱くのだ。

こうした「?《ハテナ》」が積み重なることで、大きなムーブメントがどかんと起こる。それが同時期となるのは不思議ではない。それはなぜかというと、私たちこそが今まさに起きているさまざまな事象の当事者であるからだ。つまり、影響を受ける側でもあり、与える側でもあるのだ。これがステークホルダーとしての認識であり、身近な問題こそがそうした意識を抱かせる第一歩となろう。

こうして、長良川地域流域デザイン懇談会に長良川一〇〇年鮎構想を掲げる私たちも参加することになった。それと同時に、ＯＲＧＡＮのメンバーも含めて、これまでバラバラであった意識が少しずつつながりを見せはじめている。決して小さくまとまるわけではなく、一つになりつつも、それぞれの広がりを見せ続けるというテーマ性のある集約の形だと言える。まだ具体的な形とはなっていない長良川一〇〇年鮎構想だが、こうした広がりと集約を繰り返すなかでさまざまなアクターに磨かれ、発展していくのではないだろうか。

岐阜うちわの存続をかけて

水うちわが続いていくためには、水うちわを育んだ町を、そして町の生活文化を生み出した長良川を守っていかなければならない。そう思い至った私たちは「長良川一〇〇年鮎構想」をヴィジョンとして掲げ、町の景観を保持するための町家情報バンクや川と密接した関係をもつ里山を守る里山再生トラストなど、いくつかの側面から活動をはじめていることはすでに述べた。これはまだまだ序章ではあるが、問題を認識し、動きはじめたことは意義のあることだと自負している。しかしながら、町全体や長良川全域のためにまずは上流域をと大きな範囲を見つめている間にも、日々、目の前に問題が露呈してくる。少し遠い将来を見据えながらも、今日、明日に出てくる課題をなんとしても乗り越えていかなければならない。

目の前の課題、それは岐阜うちわの存続にかかわることである。そして、二〇〇六年、恐れていた事態が発生した。一年前から予期していたとはいえ、まさかその一年後に起こってしまうとは……あまりにも早すぎる。

その問題とは、日本においてもっともうちわの生産量の多い香川県丸亀市で、岐阜うちわの竹骨を五〇年もの間にわたってつくってきた職人の引退である。一成の祖父である冨次郎の代から住井商店が頼り続けてきた信頼の厚い人だ。

この職人のつくる骨には定評がある。戦後、丸亀でつくられているうちわのおよそ九割がプラスティックや中国でつくられた竹製の骨に取って代われるようになっても、彼は従来の製法を基本として丁寧な竹骨づくりに励んできた。父の後を継いで妻と二人で続けてきたのだが、いまや彼は高齢であることに加えて後継者がいない。六〇代も後半に突入し、重い竹を持ち上げる力と日々、堅い竹を扱うための体力がなくなったと自ら判断を下したのである。

住井商店は、ずっとこの職人から竹骨を仕入れてきた。つまり、岐阜うちわの存亡は彼の骨にかかっていると言っても過言ではなかった。彼が引退するとなれば、どうやって竹骨を調達すればよいのだろうか。

二〇〇五年一〇月二四日から二九日の六日間、職人が竹骨の生産を近々辞めるかもしれないという話を聞いた一成は、彼のもとに竹骨づくりの修行に赴いた。一〇月一五日に長良川での鵜飼の期間が終わり、店も冬支度をはじめる時期に入ったらすぐに出かけようと思っていたのだ。

ＪＲ丸亀駅から歩いて二〇分ほどのところ、民家が連なる町の一角に職人の自宅兼工房がある。なるほど、日本一のうちわ生産地だけあって、周辺にも多くのうちわ関係会社が立ち並んでいた。この工房は看板などとくに掲げていないために一目では分からないが、彼のように家内で作業を行う職人がほかにもたくさんいるという。つまり、駅から工房までの道中で、私たちが目にした以上のうちわづくりの関係者が丸亀にはいるのである。町をあげての一大産業ということがよく分かる。形態もさまざまで、住井商店のように手づくりを主とするところだけではなくて、機械を使ってポリうちわをつくったり、中国産の竹を使ったりと、日本のうちわ市場の九割を占める大量の、そしてあらゆるうちわを生産しているのである。

一成は、約一週間の滞在期間中は近くのビジネスホテルに泊まり、朝の九時から夕方五時まで熱心に骨づくりの修行に励んだ。

工房に入ると、正面の一番奥に職人が自身で骨づくり用に改造したという板間がある。

竹割きの作業をする一成

職人はその上に胡坐《あぐら》をかき、何十本も重ねて置いてある竹材を次々と手に取って、驚異的なスピードでそれらを数ミリずつ縦に割いている。一成は、職人の隣の入り口側に同じように胡坐をかいて、スピードはかなり違うものの、初めてこの作業をしているとは思えないくらいの手際よさで竹割きの作業を行っている。もちろん、一成は骨をつくったことはなかったが、普段から竹に触れているせいか、まったく初めから骨づくりを学ぶよりは断然に上達が早かった。

「腕がええよ」

寡黙であるが、自分の仕事を淡々とこなしつつも、隣で黙々と竹と向き合う一成の仕事ぶりをしっかりと見つめている職人は、時折話しかけては適切なアドバイスとさり気ない励ましの言葉を投げかける。一成は、岐阜うちわの存続をかけた修行であるという認識のもと、骨づくりの技術を身に着けようとどんな些細なことでも必死に学んだ。そして、職人の一つ一つの所作から、彼の使っている骨づくりに必要な道具、機械、作業順序まで、見落とすことのないようノートを広げてメモをすることも怠らなかった。岐阜に帰ったら、教えてくれる人は誰もいないのだから。

こうして、一成の修行の日々はあっという間に過ぎていった。最終日には、蒲が岐阜から、私は東京から丸亀に赴き、竹骨職人の工房での彼の修行を見学させてもらった。

岐阜に戻ると、一成は学んだ技術を忘れてしまわないように、うちわ張りの傍ら竹骨の試しづくりも怠らなかった。夏場は忙しいため余裕をもって骨づくりをすることができないが、まったく骨づくりに手をつけない時間は極力少なくしようと、その作業を少しずつ進めていったのだ。しかしながら、まさか修行に赴いた一年後に骨の仕入れが途絶えるとは……可能性はゼロではなかったものの、さすがに予想はしていなかった。

二〇〇六年一一月、夏が終わり、水うちわ関連のイベント処理も一段落つき、約一か月ぶりに私は住井商店を訪れた。そこで、いつの間にか土間に積み上げられた何本もの生竹を前にして私は驚きを隠せなかった。竹林から切り倒されたままの竹が、今にも崩れてきそうなくらいたくさん重ねられている。そのなかで一成は、竹をうちわ骨の長さに切断する作業を行っていた。まだ慣れない電動ノコギリを使って次々と切り落としていくが、なかなか竹の数は減っていかない。このとき初めて、私は丸亀の職人の骨の仕入れがなくなったことを知ったのである。一成は、岐阜市内の竹林から竹を購入し、「まずは、やってみないと分からない」と伐採したばかりの竹の切断という作業からはじめていたのである。

水うちわが復活した二〇〇四年、私たちは岐阜の地のものにこだわって、岐阜産の原材料でつくったうちわの復活をしたいという話で盛り上がったことがある。地域内で資源を循環させ、地産地消を実現したい。自分が認知できる範囲でつくられたものを自分で消費する。身の周りにあるものが、どこから来たのか、また誰の手によってつくられたのかがまったく不明でリアリティのない生活が当たり前となっている今、こうした「目に見える」生産、物流を見つめなおす必要があるのではないだろうかと考えたのである。

だから、水うちわの竹骨が岐阜でつくられるようになることに関しては、ポジティブな変化であるととらえることができ、岐阜のものでつくる水うちわに近づくことができると私たちは喜ぶことができる。しかし、一成と母の美津江のたった二人でうちわ張りを続けてきたということを考えると、単純に住井商店内で骨をつくって張りまで行うということはかなり大変な作業であることは一目瞭然だ。

二〇〇七年の夏を迎えるにあたって二〇〇六年の一一月から骨づくりを進めているものの、一成はうちわの竹骨職人を全国のうちわ産地と連絡をとって探している。かつていたこれらの職人が、現在では探しても見つからないのだ。プラスティックなどの石油化学製品の出現や機械で大量生産される商品が日常に溢れ返るようになってから、値段と生産量では対抗できなくなった職人や日々の暮らしにおいて家内でものづくりを行ってきた人々はそれらの作業を止めてしまったのである。

伝統工芸士など、公から承認を受けている職人の逝去などでその技の継承問題が話題に上らないかぎり、生活に根付いてきた手仕事の衰退は取り沙汰されることはない。しかし、手仕事は、現代において中心的な指標とされている「安価であること」や、「均質であること」とはまったく異なるところに価値があるのだ。そしてそれらは、高名なアーティストが制作をすることで付加される芸術的価値や唯物的な価値とも違うのだ。

では、手によるものづくりのもつ意味とは一体何なのか。それは、人の心に潤いをもたらすことではないだろうか。つまり、自分の手に沁みこんだ技術というのは自分の自信や存在そのものの裏づけとなる。それは、あえて感じる必要がないくらい、生きていくうえにおいて前提となるものであったはずだ。なぜなら、機械がなく、自然と向き合った暮らし方をしていたころは、誰もが手で家を建てて布を織り、着る服を縫い、食べるものを育て火を起こしてきたのである。それが日々の暮らしそのものであり、生きるための術であったのだから。

何も、江戸時代の暮らしはよかったと、見たこともない時代に思いを馳せているわけではない。しかし、「優秀な」パソコンに頼りきりで自分で文字を書くことすらなくなってしまったことや、スーパー通いが常で、土のなかで育つ野菜を実際に見たことがない子どもが増えるなど、お金で買うことのできる市場の商品によってしか生活を成り立たせることができない時代の訪れをどこかで止めなければならないのではないかと思う。

うちわの骨職人がいなくなったことで岐阜うちわが万が一なくなってしまったとしたら、こうした時代の本格的な到来であると危惧をする。一〇〇年以上も大切にして暮らしてきた家屋の立派な梁のもとですべての作業を手で行ってうちわをつくり、店頭で販売をする。現代において、このような仕事の仕方がすべての業種において実現すべきだとは思わないが、岐阜うちわをつくる岐阜唯一のうちわ専業である住井商店がそれを続けていくことができなくなったとしたら、ほかのどの地域においても手仕事の衰退はかなりの程度まで進んでいると想像できる。

来年の夏、水うちわに出会うことができるかどうかは誰にも分からない。しかし、水うちわをはじめとして、この地域で残していきたいと思える宝物——町の歴史や景観、暮らしの知恵や人との有機的なつながりなど——に出会うことができたこと、そして水うちわを通してうちわ職人、和紙の手漉き職人、紙問屋の主人、まちづくり会の方々、まちづくりを専門とする大学教授、地域で商いをしている人々、ＮＰＯ法人を立ち上げて川を守る人々、鵜飼の鵜匠、地域の祭りの仕掛け人、里山を守る活動を展開する人々など、これまで出会うことのなかったさまざまな人に出会うことができた。それを大きな糧として、来年、再来年も、そして一〇年後も一〇〇年後も水うちわが続くために今私たちができること、そしてすべきことを日々の生活のなかで実践していきたい。

私は、水うちわの復活は最終目的ではなく、すべての「はじまり」であることを実感として理解するようになった。すなわち、水うちわが、ひいては岐阜うちわが続いていくことは、常に立ち返るべき原点をもちつづけるために必要不可欠なのである。これが、水うちわをめぐって歩んできた一つの結論であった。

おわりに

私は、なんとたくさんの人やものに支えられて生かされていることか。それに、私が役割としてできることはなんと小さなことなのか。本書の執筆を進めるなかでそう感じるにつけ、自身に対する非力さを感じざるを得なかった。伝統工芸品である水うちわの復活に微力ながら携わりつつも、現代社会の恩恵を享受するという自己矛盾。愛着を深くすればするほど、水うちわ復活に付随する問題を抱えきれなくなってしまう自らの器の小ささへの自己嫌悪。そんな至らない私に、一体何ができるというのか。

大都市というシステムが孕むたくさんの弊害に傷つきながらも何とか進もうとし、自分がいつの間にか傷ついているということにも気がつかない、もしくは気がつかないふりをする以外に方法がないという病んだ社会。鬱病、若者による殺傷事件、幼児虐待、少子高齢化、テロへの恐怖、メディアの扇動による世論形成——こうした私たちが直面する多くの問題に対する漠然とした危機感と不安を肌で感じつつも、具体的な解決策と将来への明るい希望はなかなか見えてこない。目の前に降り来る日々の労働に追われ、「心を亡くす＝忙しい」私たちは、本来、自然の一生物として生きてきた大地の上にはもはや生き得ないのだろうか。今生きる先に、いったい何があるというのだろうか。

そんな嫌悪感や不安の積もる学生時代と、東京での社会人生活を過ごしてきた私が、将来に小さな希望を見いだすことができるようになったのはごく最近のことである。その最初のきっかけが水うちわであった。

私たちは、ヴァーチャルな、そしてボーダレスな現代社会の、地に足がついた生活を体感できないなかで日々を過ごしている。そんなとき、とても身近な「うちわ」という存在は、まさしく、自分自身がしばらく離れていた、いい意味で泥臭い人の労働や、わずらわしいと都市では避けられている地域の人との温かく心通ずる人間関係、そして本来あるべき人と自然との厳しいなかでの共存関係を再確認させてくれた。私にとっての、この身近な現実の「再発見」は、近くにあるものにこそ目を向けるという、一見内向きで広がりのない作業からはじまり、最終的には一本の木から森を見る、つまり社会の縮図の一側面を垣間見ることができたのである。

この社会の上にあるものは、「コンサル」によるプレゼンテーションだけでは解明されることもなく、学者による学問分野ごとの机上の論理のみで説明されうるものではない。かといって、市民のボランタリーで地道な活動だけでは社会のいわゆる大きな流れにはとうてい太刀打ちできない。それぞれのアクターがそれぞれに最大限の力を発揮しようと動いているのにもかかわらず、上手く歯車が回らないという現状がある。それに気がついたとしても、相互扶助の関係が崩れつつある現況では社会がレイヤーごとに分断されている。それは、望むか望まないかは別にして、いまだ彼らが一本の木のみを、もしくは森だけを凝視し、有機的なつながり方ができていないからではなかろうか。

人は、スーパーマンではない。一人ひとりのできることは異なっていて然るべきである。住む場所も、仕事も、目に映るものも、そして愛する人だって当然違う。生まれる日も、死ぬ日だって同じではない。日本、いや、地球という大きな生命システムのなかで息づく私たちは、生まれてから死ぬまでの、一人の人間がもつ役割というものがあるはずである。和紙職人は和紙を漉き、竹骨職人は竹を割り、はたまた鵜匠は鵜を使って魚を捕る。それぞれが、先人に学んで子孫に授けていく。だから、自分が自分の担う役割を見つけつつ、社会のなかでのつながりを相互的に築いていくことが重要となる。

暫時的な快楽と現代社会にのみ通ずるステータスに惑わされることなく、自然のなかに生きる生物体の一つとしての声に心を澄まし、自らの存在を読み汲むのは容易ではない。それと同様に水うちわがこの社会のなかで生き続けること、つまり、来年も、再来年も、一〇年後も、そして一〇〇年後も、一本でつながる長良川の流域でつくられ、使われ、愛される——そんな夏が、当たり前のように繰り返されることは想像以上に難しいということを知った。しかし、私が具体的な一〇〇年後の水うちわの姿を知ることができなくとも、明日に希望の光を感じることができたなら何とか進んでいけるかもしれない。
小さな光を、大きくして、私の足元を照らしてくれる詩《ことば》を道しるべにして。

曽つてわれらの師父たちは乏しいながら可成楽しく生きてゐた
そこには芸術も宗教もあった
いまわれらにはただ労働が　ただ生存があるばかりである
宗教は疲れて近代科学に置換され然も科学は冷たく暗い
芸術はいまわれらを離れ然もわびしく堕落した
いま宗教家芸術家とは真善若くは美を独占し販《ひさ》るものである
われらに購《あがな》ふべき力もなく　又さるものを必要とせぬ
いまやわれらは新たに正しき道を行き　われらの美をば創らねばならぬ
芸術をもてあの灰色の労働を燃やせ
ここにはわれら不断の潔く楽しい創造がある
都人よ　来つてわれらに交はれ　世界よ　他意なきわれらを容れよ

（宮澤賢治『農民芸術概論　農民芸術の興隆』）

かんしゃのことば

今回の執筆にあたり、本当にたくさんの方々に伝えきれないほどのかんしゃを感じています。岐阜うちわを何代にもわたってつくり続けてきた住井商店の四代目である住井一成さんと美津江さんがいなければ今の私はいないというくらい、水うちわを含む岐阜うちわに大きな影響を与えてもらいました。作業中でも、いつも温かく迎えてくださり、さまざまなお話をしてくださってありがとうございました。

そして、水うちわとの出会いのきっかけを与えてくれ、水うちわ復活プロジェクトを一緒に進めてきた蒲勇介さんにも格別なかんしゃの気持ちを伝えたいです。常に私を励まし続け、執筆に関しても多大なるアドバイスと惜しみない協力をしてくれました。また、東京での活動を全面的にバックアップしてくれたG-net東京の仲間は、水うちわ復活プロジェクトを含めて、私のあらゆる活動においてかけがえのない存在です。岐阜の宝物をこれからもどんどん発掘して同志として突き進んでいくことができればと思っています。

さらに、岐阜での活動において、同じ問題意識を共有し、常に支えてくれているORGANのメンバー、とくに、撮影に協力してくれた平井久美子さん、山田久美子さん、熊田朋恵さん、日比野由佳さん、佐藤真紀さん、ギフロマンチカの皆様、水うちわサロンにご参加いただきその後も励ましのメールなどを下さった方々、私たちの活動をあたたかく見守って下さる川原町まちづくり会、伊奈波界隈まちつくり会の皆様、執筆にあたって適切なアドバイスをして下さった富樫幸一先生、野々村聖子さん、高部陽平さん、増田光昭さん、そして快く取材を受けて下さった玉井博祐さん、伊藤知子さん、安藤喜一さん、川島兵太郎さん、伊藤泰雄さん、家田学さん、石原忠幸さん、古田菜穂子さん、加藤美奈さん、佐藤徳昭さん、駒宮博男さん、三島真さん、大塚清史さんをはじめとする岐阜市歴史博物館の皆様にかんしゃの気持ちを伝えたいです。さらに、執筆にあたり陰で支え続けてくれた私の大切な家族と、温かい声援を送って下さった大学の恩師である渡辺靖先生、かけがえのない友人たち——乗越貴子さん、寺町健さん、国友美千留さん、にかんしゃの意を表します。

最後に、根気よく丁寧であたたかいアドバイスをしてくれ、常に励まし続けてくださった編集者の武市一幸さん、彼なしではこの出版は考えられないというくらい執筆の過程で私の見聞を広げ、その後の生き方を大きく変える第一歩を踏み出すきっかけさえも与えてくれました。ここでは言い表せないほどのかんしゃをしています。このほかにも、本当にたくさんの方々に支えられ、書籍という一つの形にすることができました。心よりかんしゃを申し上げます。

二〇〇七年　四月

水野馨生里

参考資料一覧

・「岐阜市歴史博物館研究紀要」（第一六号抜き刷り）二〇〇三年。
・大塚清史『名産　岐阜団扇――成立と特徴についての一考察』神奈川大学日本常民文化研究所、二〇〇一年。
・大塚清史『民具マンスリー』（第三四巻一号・「年につれ物替」としての岐阜提灯）
・岐阜市歴史博物館編『日本のうちわ――涼と美の歴史』岐阜新聞社、二〇〇一年。
・吉岡勲『図説　岐阜の歴史』郷土出版社、一九八六年。
・『岐阜市史』岐阜市、一九七七年。
・長良川の鵜飼研究会編『ぎふ　長良川の鵜飼』岐阜新聞社、一九九四年。
・岐阜県産業史調査研究会『ひだみの産業の系譜』岐阜県、一九九九年。
・NPO法人ETIC編『好きなまちで仕事を創る』TOブックス、二〇〇五年。
・筧真理子「岐阜市歴史博物館研究紀要」（第13号抜き刷り「勅使河原直次郎関係資料について」）一九九九年。
・片野温『長良川の鵜飼』岐阜市役所、一九五三年。
・『鵜飼資料　館蔵品図録』岐阜市歴史博物館、二〇〇六年。

・野村忠夫『教育社歴史新書〈日本史〉27　古代の美濃』教育社、一九七九年。
・西ヶ谷恭弘『考証　織田信長事典』東京堂出版、二〇〇〇年。
・岡村精次『岐阜挑燈に関する調査研究』岐阜県内務部商工課、一九三〇年。
・澤村守編『美濃紙　その歴史と展開』木耳社、一九八三年。
・岐阜市歴史博物館『ちょうちん大百科――伝統の技と美』岐阜市歴史博物館、一九九六年。
・株式会社　沖積社『芭蕉探訪　東海・甲信・北陸編』一九九〇　清水　杏芽
・柳宗悦『手仕事の日本』岩波文庫、一九八五年。
・R・コールマンアグネ／柳坪葉子訳『仕事という芸術――モリスの夢、ダイダロスの復権』承風社、一九九七年。
・「紀行　名鉄だより」一九八六年六月号、名古屋鉄道広報宣伝部発行。
・「紀行　名鉄だより」一九八六年一二月号、名古屋鉄道広報宣伝部発行。
・「紀行　名鉄だより」一九八六年八月号、名古屋鉄道広報宣伝部発行。
・「紀行　名鉄だより」一九八六年七月号、名古屋鉄道広報宣伝部発行。
・暉峻淑子『豊かさとは何か』岩波書店、一九八九年。
・宮澤賢治『ザ・賢治』第三書館、一九八五年。
・北川フラム『希望の美術・協働の夢　北川フラムの40年』角川学芸出版、二〇〇五年。

・中沢新一『熊から王へ』講談社、二〇〇二年。
・中沢新一『愛と経済のロゴス』講談社、二〇〇三年。
・森澤茂『一流の田舎町――二流の都会づくりをやめた町』農山漁村文化協会、二〇〇六年。
・斎藤貴男『安心のファシズム――支配されたがる人びと』岩波書店、二〇〇四年。
・松井彰彦『Souk――市場【スーク】の中の女の子』PHP研究所、二〇〇四年。
・小関智弘『職人学』講談社、二〇〇三年。
・特定非営利活動法人　地球の未来『岐阜発、地域からのカクメイ』二〇〇四年。
・渡辺京二『逝きし世の面影』平凡社、二〇〇五年。
・渡辺靖『「恐怖の文化」と対峙するアメリカ』「中央公論」（二〇〇六年二月号）中央公論新社、二〇〇六年。
・郡上・山と川の学校『季刊　里山の袋2005　夏号』パブリックシステム株式会社、二〇〇五年。
・三島真「『山と川の学校』とは何か？①②③　なぜ山と川の学校をはじめたのか」
・『国重要無形民俗文化財　郡上踊り』郡上八幡観光協会
・美濃晴彦『岐阜の四季』ぎふスローライフ音楽、二〇〇六年。
・http://www.city.gifu.jp/kankou/rekishi_19.html　岐阜市HP・岐阜市観光案内「伊奈

波神社」
・http://www.city.gifu.gifu.jp/kankou/ukai_01.html　岐阜市ＨＰ・岐阜市観光案内「鵜飼」
・http://www.minokanko.com/5washi/washi.htm　美濃市観光協会ＨＰ
・http://www.city.gifu.gifu.jp/kankou/rekishi_02.html　岐阜城の歴史
・http://www.zuiryo.com/index.html　美濃国瑞龍寺ＨＰ
・http://www.public-s.com/kaisya.html　パブリックシステム株式会社ＨＰ
・http://www.windsnet.ne.jp/satoyama/index.html　「里山の袋」ＨＰ
・http://nagara.ktroad.ne.jp/　長良川河口堰建設をやめさせる市民団体ＨＰ
・http://www.tamaiya-honpo.com/　御菓子司　玉井屋本舗ＨＰ

住井商店よりお願い

2006年12月の時点で、住井商店において骨づくりからはじまるうちわづくりは継続しています。ただ、2007年夏にどのくらいのうちわを店頭で販売することができるかはいまだ分かりませんし、復活４年目の水うちわを手にすることができるかも今の時点で判断できません。

水うちわ復活をきっかけとして、2004年夏以来、住井商店への問い合せは殺到し、毎年水うちわは完売しています。通常であれば、商売繁盛ということで願ったり叶ったりではありますが、岐阜うちわは一本一本が手づくりであって、材料もつくることのできるうちわの本数もかぎられています。

住井商店では、そのような状況を踏まえるという意味もあり、うちわの販売は主に店頭で行っています。そのため、遠方からお電話やＥメールで問い合せをいただいてもお答えできない場合があることをご了承ください（また、大変申し訳ございませんが、水うちわのみのＥメールでのお問い合わせは、繁忙期においてご返信できないこともございます）。

この本を読んでくださったみなさまには、その土地のものを、その土地でという楽しみ方をしていただければと思います。住井商店へは、ぜひ岐阜の夏を楽しんだお帰りにお立ち寄りください。店頭にて、お待ちしております。

住井冨次郎商店
住井一成

著者紹介

水野馨生里（みずの・かおり）

1981年岐阜市生まれ。岐阜県立岐阜北高等学校卒業後、慶応義塾大学総合政策学部（ＳＦＣ）を経て広報代理店勤務。その後、岐阜市にUターン。ＳＦＣ在学中に、カンボジアにおいて途絶えていたクメール織物復活プロジェクトを進めるクメール伝統織物研究所に出会い、クメール織物の美しさに魅せられる。研究所の織り手への調査やライフヒストリーの聞き取りなどから、地域に根付く伝統が社会的・文化的・経済的に絶大な影響力を持つことを実感。この経験をもとに現在、故郷である岐阜市において若者のまちづくり団体「ORGAN」にて文化・伝統をテーマに社会的活動を繰り広げる。

水うちわをめぐる旅
～長良川でつながる地域デザイン～ (検印廃止)

2007年５月25日　初版第１刷発行

著　者　水　野　馨生里
発行者　武　市　一　幸
発行所　株式会社　新　評　論

〒169-0051 東京都新宿区西早稲田３-16-28
電話　03(3202)７３９１
振替・00160-1-113487

落丁・乱丁はお取り替えします。
定価はカバーに表示してあります。
http://www.shinhyoron.co.jp

印刷　フォレスト
製本　清水製本プラス紙工
装幀　蒲　勇介

ISBN978-4-7948-0739-7

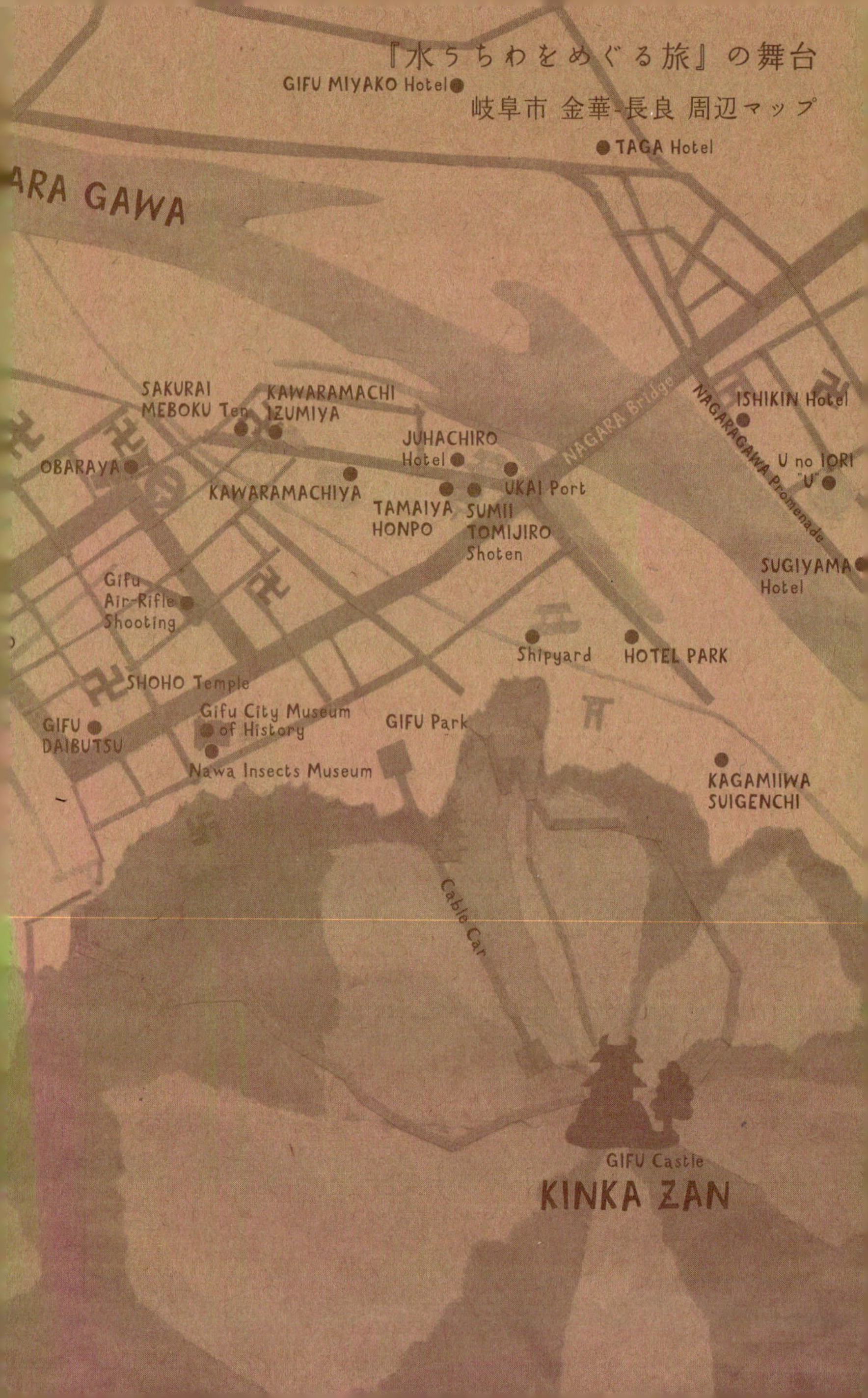
『水うちわをめぐる旅』の舞台
岐阜市 金華-長良 周辺マップ
GIFU MIYAKO Hotel
TAGA Hotel
ARA GAWA
SAKURAI MEBOKU Ten
KAWARAMACHI IZUMIYA
OBARAYA
KAWARAMACHIYA
JUHACHIRO Hotel
TAMAIYA HONPO
SUMII TOMIJIRO Shoten
UKAI Port
NAGARA Bridge
NAGARAGAWA Promenade
ISHIKIN Hotel
U no IORI "U"
SUGIYAMA Hotel
Gifu Air-Rifle Shooting
Shipyard
HOTEL PARK
SHOHO Temple
GIFU DAIBUTSU
Gifu City Museum of History
Nawa Insects Museum
GIFU Park
KAGAMIIWA SUIGENCHI
Cable Car
GIFU Castle
KINKA ZAN